Direitos Sociais dos Trabalhadores

RÚBIA ZANOTELLI DE ALVARENGA

Professora Titular do Centro Universitário do Distrito Federal — UDF, Brasília. Doutora e Mestre em Direito do Trabalho pela Pontifícia Universidade Católica de Minas Gerais (PUC-MG). Advogada.

DIREITOS SOCIAIS DOS TRABALHADORES

EDITORA LTDA.

© Todos os direitos reservados

Rua Jaguaribe, 571
CEP 01224-003
São Paulo, SP Brasil
Fone (11) 2167-1101
www.ltr.com.br
Janeiro, 2018

Produção Gráfica e Editoração Eletrônica: GRAPHIEN DIAGRAMAÇÃO E ARTE
Projeto de Capa: FABIO GIGLIO
Impressão: FORMA CERTA

versão impressa — LTr 5877.8 — ISBN 978-85-361-9435-6
versão digital — LTr 9283.7 — ISBN 978-85-361-9497-4

Dados Internacionais de Catalogação na Publicação (CIP)
(Câmara Brasileira do Livro, SP, Brasil)

Alvarenga, Rúbia Zanotelli de

Direitos sociais dos trabalhadores / Rúbia Zanotelli de Alvarenga. — São Paulo: LTr, 2018.

Bibliografia.

1. Direito constitucional 2. Direito do trabalho 3. Direito internacional 4. Direitos humanos 5. Direitos sociais 6. Relações de trabalho I. Título.

17-09358   CDU-342.7:331

Índices para catálogo sistemático:

1. Direitos sociais : Relações de trabalho : Direito constitucional do trabalho   342.7:331

"Aquele que leva a preciosa semente, andando e chorando, voltará, sem dúvida, com alegria, trazendo consigo os seus molhos."

Salmos 126:6

Sumário

PREFÁCIO — *José Felipe Ledur* 9
INTRODUÇÃO 11
1. OS DIREITOS SOCIAIS DOS TRABALHADORES EM ÂMBITO INTERNACIONAL 13
   1.1 A Constituição Mexicana de 1917 14
   1.2 A Constituição Alemã de 1919 15
   1.3 A OIT e as Fontes do Direito Internacional do Trabalho 18
       1.3.1 A Constituição da OIT de 1919 29
       1.3.2 A Declaração Referente aos Fins e Objetivos da OIT ou Declaração de Filadélfia de 1944 32
       1.3.3 A Declaração Universal dos Direitos Humanos de 1948 36
       1.3.4 A Declaração da OIT sobre Princípios e Direitos Fundamentais no Trabalho de 1998 46
       1.3.5 As Convenções e Recomendações da OIT 55
2. OS DIREITOS SOCIAIS DOS TRABALHADORES NAS CARTAS CONSTITUCIONAIS BRASILEIRAS 67
   2.1 A Constituição de 1824 68
   2.2 A Constituição de 1891 69
   2.3 A Constituição de 1934 70
   2.4 A Constituição de 1937 73
   2.5 A Constituição de 1946 75
   2.6 A Constituição de 1967 77
   2.7 A Constituição de 1988 77
3. OS DIREITOS SOCIAIS DOS TRABALHADORES COMO CLÁUSULAS PÉTREAS 91
CONCLUSÃO 99
REFERÊNCIAS BIBLIOGRÁFICAS 101

PREFÁCIO

Sinto-me honrado em atender o convite que a digna Professora Doutora Rúbia Zanotelli de Alvarenga me dirigiu para apresentar seu mais novo livro. A rigor, o prestígio da prezada amiga Rúbia, autora e organizadora de inúmeras obras que concorrem para o aperfeiçoamento da ciência do Direito e do Processo do Trabalho, dispensariam essa apresentação. Diante disso, sei da responsabilidade que semelhante encargo me reserva.

Como reflexão inicial, a autora traz à consideração constituições das primeiras décadas do século XX que se notabilizaram por lançar as bases do constitucionalismo social. A esse propósito, marcante foi e continua sendo a Constituição alemã de Weimar, de 1919, que continha ampliado rol de direitos fundamentais sociais. Não obstante sua revogação, causada não só pela ditadura nazista, mas, também, pela falta de disposição da sociedade e dos juristas em fazê-la valer, essa Constituição ainda hoje influencia o pensamento jurídico e as relações de trabalho na Alemanha. Lembro, por exemplo, os Conselhos de Empregados, originariamente reconhecidos pela Constituição de Weimar e cuja atuação até hoje distingue o Direito do Trabalho alemão, permitindo a defesa dos direitos dos trabalhadores no curso da relação de emprego.

Iniciativas voltadas à difusão do conhecimento acerca das normas internacionais do Direito do Trabalho — também objeto da primeira parte da obra — são bem-vindas e dignas de encômio, sabido que em nosso país a atuação dos profissionais da área jurídica normalmente passa ao largo desse manancial normativo. O direito internacional é fonte de direito, inclusive do Direito do Trabalho, e como tal, ao tempo que credencia o Brasil como integrante da comunidade das nações, também lhe impõe a responsabilidade de criar e fazer valer soluções jurídicas em correspondência com a qualidade das normas oriundas da Organização das Nações Unidas (ONU) e da Organização Internacional do Trabalho (OIT). Portanto, as normas de direito internacional não servem — ou não deveriam servir — para ornamentar discursos políticos, mas para vincular a atividade dos exercentes das funções estatais.

A Professora Rúbia reporta literatura jurídica especializada, relativa aos princípios da OIT que estabelecem padrões normativos dirigidos a proporcionar a proteção ao trabalhador fragilizado diante do poder econômico. Essa fragilização deita raízes na revolução industrial, em grande medida realizada à custa da exploração de trabalhadores, sobretudo de crianças e mulheres. Em razão do movimento dos trabalhadores por melhores condições de trabalho é que surge em 1919 a OIT, organização voltada a impulsionar o ideário do Estado de Direito Social e a garantir direitos humanos aos indivíduos sem posses, melhorar as condições de trabalho e fomentar a proteção social àqueles excluídos do acesso aos bens vitais. A autora oferece ao leitor abrangente exame das normas de direito internacional protetivas dos direitos dos trabalhadores desde a Constituição da OIT de 1919, passando pela Declaração da Filadélfia de 1944 e pela Declaração Universal dos Direitos Humanos de 1948, até chegar ao ponto culminante que vem a ser a Declaração sobre Princípios e Direitos Fundamentais da OIT de 1988. A Declaração Universal pôs ênfase nas normas dirigidas à afirmação da dignidade da pessoa humana e a Declaração de 1988 inovou ao qualificar como "fundamentais" direitos previstos em várias das Convenções da OIT com o propósito de instar os Estados-membros a tomarem medidas dirigidas a sua efetivação.

Na segunda parte de sua obra, a Professora Rúbia realiza análise do sistema de proteção emergente de normas de direito interno, cuidando do exame de normas constitucionais voltadas à proteção dos trabalhadores. Nesse sentido, a autora reporta a evolução histórica que o Direito do Trabalho experimentou nas sucessivas constituições do país, desde a de 1824 até a atual. O ponto culminante dessa trajetória justamente é a Constituição de 1988, a qual reconheceu pela vez primeira caráter fundamental a extenso rol de direitos dos trabalhadores. A novidade é marcante para o direito constitucional brasileiro — talvez pouco compreendida até hoje pelos profissionais da área trabalhista, desatentos à reformulação da dogmática do Direito do Trabalho a partir de diretrizes normativas que os direitos fundamentais e demais princípios, valores e objetivos constitucionais projetam nas relações de trabalho.

Para finalizar, destaco passagem da introdução da obra que sintetiza o móvel da atuação da Professora Rúbia: "O trabalho ora apresentado é fruto e produto da inquietação de sua autora relativamente à tutela dos direitos sociais trabalhistas como mecanismo para a verdadeira efetivação dos direitos humanos dos trabalhadores, uma vez que a questão é atual e de substantiva relevância para o Direito Internacional e Constitucional do Trabalho". De fato, diante do retrocesso que a aliança de forças político-empresariais retrógradas pretende impor ao Direito do Trabalho com a recente "reforma trabalhista", mediante a erosão de seus fundamentos históricos, quem pensa dele fazer ciência alinhada com os fins da República estabelecidos no art. 3º da Constituição terá de buscar inspiração e suporte jurídico nas fontes normativas postas em relevo na obra da Professora Rúbia.

Resta alvitrar sucesso à autora e bom proveito a seus leitores!

José Felipe Ledur
Doutor em Direito do Estado e ex-desembargador do trabalho.

Introdução

O objeto da presente obra consiste no estudo da evolução histórica legislativa dos direitos sociais dos trabalhadores, no âmbito internacional e no nacional especialmente.

Os direitos sociais figuram como um conjunto de bens ou de valores jurídicos materiais ou extrapatrimoniais que visam garantir ao cidadão o acesso à educação, à saúde, à alimentação, ao trabalho, à moradia, ao transporte, ao lazer, à segurança, à previdência social, à proteção, à maternidade e à infância e à assistência aos desamparados.

Os direitos sociais são, portanto, aqueles que cobram atitudes positivas do Estado para promover a igualdade entre as categorias sociais diversas. Não se referem à mera igualdade formal de todos perante a Lei, mas à igualdade material e real de oportunidades, protegendo os hipossuficientes juridicamente nas relações sociais de trabalho, bem como os padrões mínimos de uma sociedade igualitária.

Na seara trabalhista, tais direitos incidem sobre a relação de trabalho assalariado com vistas a proteger a classe operária contra a espoliação patronal e contra a desigualdade social causada pelos abusos do capitalismo desenfreado.

Logo, faz-se mister registrar o desenvolvimento e a formação histórica legislativa dos direitos sociais dos trabalhadores em nível internacional, que aconteceu por meio do reconhecimento e da constitucionalização social de tais direitos nas principais Cartas Constitucionais do mundo.

Em se tratando, ainda, do reconhecimento histórico dos direitos sociais em âmbito internacional, é preciso ressaltar o papel das principais fontes do direito internacional do trabalho ou dos instrumentos internacionais que contribuíram para a proteção dos direitos sociais dos trabalhadores, em sua dimensão mundial, e, ao mesmo tempo, para o processo de amadurecimento e de consolidação do Direito Internacional do Trabalho ao longo da história.

No tocante à previsão legal dos direitos sociais dos trabalhadores pelas Cartas Magnas brasileiras, serão apresentadas aqui as suas respectivas previsões constitucionais relativas aos direitos sociais especialmente.

No Capítulo 1, analisam-se as fontes do direito internacional trabalhista — sejam elas oriundas ou não da Conferência Internacional do Trabalho, também conhecida como o Parlamento Internacional do Trabalho — órgão integrante da Organização Internacional do Trabalho (OIT), responsável pela atividade ou pela produção normativa da regulamentação internacional trabalhista. Tais fontes constituem diplomas internacionais, contendo disposições que contribuem para o processo de proteção e de amadurecimento do sistema de proteção aos direitos humanos dos trabalhadores mundialmente. Foram objetos de estudo, nesta empreitada, os seguintes documentos ou diplomas internacionais sócio-trabalhistas: a) a Constituição Mexicana de 1917; b) a Constituição Alemã de 1919; c) a Constituição da OIT de 1919; d) a Declaração Referente aos Fins e aos Objetivos da OIT ou Declaração de Filadélfia de 1944; e) a Declaração Universal dos Direitos Humanos de 1948; f) a Declaração da OIT sobre Princípios e Direitos Fundamentais no Trabalho de 1998; e g) as Convenções e Recomendações da OIT.

As Convenções e as Recomendações da OIT representam meios de ação da organização a serviço da justiça social. Assim, uma das funções da OIT é a criação de normas internacionais trabalhistas elaboradas no seio da Conferência Internacional do Trabalho.

O Capítulo 2, por sua vez, verifica-se a previsão legal dos direitos sociais dos trabalhadores, sendo elencadas as suas respectivas previsões constitucionais relativas aos direitos sociais pelas Cartas Constitucionais brasileiras, a saber: a) a Constituição de 1824; b) a Constituição de 1891; c) a Constituição de 1934; d) a Constituição de 1937; e) a Constituição de 1946; f) a Constituição de 1967; e g) a Constituição de 1988. Neste interregno, será demonstrado, em especial, o papel da Constituição Federal de 1988 como a mais significativa Carta de Direitos Sociais já escrita na história jurídica e política do Brasil, tendo em vista que foi preciso haver um longo e moroso percurso a ser perpassado por sete Cartas Magnas para, "finalmente", chegar-se a um "porto seguro" em relação às garantias constitucionais aos direitos sociais trabalhistas.

Assim, o Capítulo 3 se dedica a demonstrar como a Constituição Federal de 1988 representa a matriz do Direito Constitucional do Trabalho, não só pela proteção que ela confere aos direitos sociais dos trabalhadores, mas também por ter inaugurado, no Brasil, uma fase de maturação para o Direito do Trabalho, cuja análise só pode ser apreendida, desde que conjugada com os direitos fundamentais dos trabalhadores, que têm como fundamento *a dignidade da pessoa humana*. Por isso, somente após a Constituição Federal de 1988, é possível falar, efetivamente, na existência de um Direito Constitucional do Trabalho no Brasil. Nesta esteira, visando estabelecer a proteção ao princípio constitucional da vedação do retrocesso social (art. 7º, *caput*), será visto que os direitos sociais dos trabalhadores estão abrangidos pelo disposto no art. 5º, § 1º, da CF/88, por integrarem o rol de direitos e de garantias, inscrito no Título II da Constituição da República, constituindo-se em limites materiais ao poder de reforma constitucional, como dispõe o art. 60, § 4º, inciso IV, da Carta Magna de 1988.

O trabalho ora apresentado é fruto e produto da inquietação de sua autora relativamente à tutela dos direitos sociais dos trabalhadores como mecanismo para a verdadeira efetivação dos direitos humanos nas relações de trabalho, uma vez que a questão é atual e de substantiva relevância para o Direito Internacional e Constitucional do Trabalho. Logo, busca contribuir para o desenvolvimento do tema, provocando a comunidade acadêmica e jurídica face à necessidade de se protegerem sempre os direitos humanos dos trabalhadores.

1. OS DIREITOS SOCIAIS DOS TRABALHADORES EM ÂMBITO INTERNACIONAL

Neste Capítulo, serão objeto de análise as principais fontes do direito internacional do trabalho ou os instrumentos internacionais que contribuíram para a proteção dos direitos sociais dos trabalhadores, em âmbito mundial, e, ao mesmo tempo, para o processo de amadurecimento e de consolidação do Direito Internacional do Trabalho.

O Direito Internacional do Trabalho não se ocupa apenas das regras ou das fontes específicas (sejam elas formais ou materiais) oriundas da Conferência Internacional do Trabalho, e sim de todos os diplomas internacionais que contêm disposições sociais que influenciaram, de algum modo, o fortalecimento do Direito Internacional do Trabalho, por promoverem a proteção e a promoção dos Direitos Humanos dos trabalhadores em escala internacional.

Também contribuíram para o fortalecimento do sistema de proteção dos direitos sociais dos trabalhadores, em nível internacional, os seguintes documentos ou diplomas: a) a Constituição da OIT de 1919; b) a Declaração Relativa aos Fins e Objetivos da OIT, aprovada na Conferência de Filadélfia de maio de 1944 e incorporada, como anexo, à Constituição da OIT na revisão geral empreendida na Conferência de Montreal de outubro de 1946; c) a Declaração Universal dos Direitos Humanos, adotada pela Assembleia Geral das Nações Unidas, em Paris, em 10 de dezembro de 1948; d) A Declaração sobre Direitos e Princípios Fundamentais no Trabalho de 1998; entre outros.

Os princípios, deveres e objetivos da OIT estão previstos nos três principais diplomas internacionais do trabalho até hoje existentes, quais sejam: a Constituição de 1919, revisada em 1946; a Declaração de Filadélfia de 1944; e a Declaração sobre Princípios e Direitos Fundamentais no Trabalho de 1988.

Cumpre ressaltar que, além da Constituição da OIT, da Declaração de Filadélfia (1944) e da Declaração sobre Princípios Fundamentais e Direitos no Trabalho (1988), também constituem como fontes do Direito Internacional do Trabalho as Convenções, Recomendações e Resoluções da OIT.

Eis o que se elucida nas páginas que se seguem do presente Capítulo.

1.1 A CONSTITUIÇÃO MEXICANA DE 1917

No escólio de Lauro César Mazetto Ferreira (2007, p. 38): "Um dos mais importantes documentos de reconhecimento dos direitos sociais como direitos fundamentais que devem ser protegidos para que as pessoas possam viver dignamente é a Constituição Mexicana de 1917".

Nela, está previsto um dos mais importantes documentos de recognição dos direitos sociais como direitos humanos. Razão pela qual a Constituição Mexicana de 1917 é a primeira a positivar os direitos sociais dos trabalhadores como direitos fundamentais.

Fábio Konder Comparato (2003) considera que a Carta Política Mexicana de 1917 foi a primeira a atribuir aos direitos trabalhistas a qualidade de direitos fundamentais, juntamente com as liberdades individuais e os direitos políticos (arts. 5º e 123). A importância desse precedente histórico deve ser salientada, pois, na Europa, a consciência de que os direitos humanos têm também uma dimensão social só veio a se afirmar após a grande guerra de 1914-1918, que encerrou o longo século XIX de fato; e, nos Estados Unidos, a extensão dos direitos humanos ao campo socioeconômico ainda é largamente contestada.

Logo, assevera Comparato:

> [...] a Constituição Mexicana, em reação ao sistema capitalista, foi a primeira a estabelecer a desmercantilização do trabalho, ou seja, a proibição de equipará-lo a uma mercadoria qualquer, sujeita à lei da oferta e da procura no mercado. Ela firmou o princípio da igualdade substancial de posição jurídica entre trabalhadores e empresários na relação contratual de trabalho, criou a responsabilidade dos empregadores por acidente do trabalho e lançou, de modo geral, as bases para a construção do moderno Estado Social de Direito. Deslegitimou, com isso, as práticas de exploração mercantil do trabalho, e, portanto, da pessoa humana, cuja justificativa se procurava fazer, abusivamente, sob a invocação da liberdade de contratar. (COMPARATO, 2003, p. 177).

Trata-se de um documento de cunho social ao reconhecer que a proteção dos direitos sociais — conquistados com muita luta durante os séculos XVIII e XIX — deveria ser ampliada em face das consequências danosas advindas da sociedade moderna pós-Revolução Industrial. Assim, cumpria aos Estados fornecerem condições dignas de sobrevivência aos seres humanos afetados pelas contingências sociais e econômicas da mesma.

A constitucionalização dos Direitos Humanos Sociais dos Trabalhadores foi inaugurada no México e contribuiu para a inclusão de uma melhor e mais incisiva proteção social em vários países da Europa.

Porquanto, reiterando tal assertiva, para José Afonso da Silva (1999, p. 288): "A ordem social [...] adquiriu dimensão jurídica a partir do momento em que as constituições passaram a discipliná-la sistematicamente, o que teve início com a Constituição Mexicana de 1917".

Ferreira (2007, p. 38) destaca: "A Carta Política Mexicana de 1917 foi a primeira a atribuir aos direitos trabalhistas a qualidade de direitos fundamentais, juntamente com as liberdades individuais e os direitos políticos (arts. 5º e 123)".

A Constituição Mexicana, em seu art. 123, estabeleceu diversas disposições legais acerca do reconhecimento dos direitos sociais como direitos humanos, entre os quais: responsabilização dos empresários por acidentes de trabalho; jornada de oito horas diárias; proibição do trabalho de menores de 12 anos e limitação a seis horas diárias da jornada de trabalho dos menores de 16 anos; jornada máxima noturna de sete horas; descanso semanal; proteção à maternidade; salário mínimo; igualdade salarial; adicional de horas extras; descanso para mulheres que tiverem filhos; estabelecimento de que o salário mínimo deverá ser suficiente para satisfazer as necessidades normais dos operários; proibição de penhora; compensação e desconto em relação ao salário mínimo; direito de greve; direito de sindicalização; seguro social e proteção contra acidentes do trabalho.

Importante salientar que a Constituição de Weimar de 1919 trilhou a mesma via da Carta Mexicana, e todas as Convenções aprovadas pela Organização Internacional do Trabalho (OIT) — então recém-criada — na Conferência de Washington no mesmo ano, regularam matérias que já constavam da Constituição Mexicana, como, por exemplo: a limitação da jornada de trabalho, o combate ao desemprego, a proteção da maternidade, a idade mínima de admissão de empregos nas fábricas e o trabalho noturno dos menores na indústria.

A Constituição Mexicana foi a primeira a criar bases para a construção do Estado Social de Direito no mundo, haja vista que, com as terríveis experiências e lições advindas das duas grandes guerras — especialmente as violações, nas mais diversas formas, dos Direitos Humanos — procedeu-se à fase da celebração de tratados e de outros instrumentos internacionais alusivos à proteção internacional dos Direitos Humanos. Em 1919, entrou em vigor a Constituição de Weimar, que dedicou uma parte, exclusivamente, aos Direitos Humanos. No entanto, foi a Constituição do México de 1917 a primeira a elevar os direitos sociais a um nível constitucional.

1.2 A CONSTITUIÇÃO ALEMÃ DE 1919

Segundo José Luiz Quadros de Magalhães (2000), a Constituição Alemã de 1919 — também conhecida como Constituição de Weimar — é a primeira Constituição social europeia, sendo considerada a matriz do novo constitucionalismo social. Instituiu a primeira república alemã e foi promulgada após um período crítico da história: a Primeira Guerra Mundial.

Ferreira (2007) enuncia que as ideias do *sozialstaat* na Alemanha de 1919 foram fundamentais para o desenvolvimento do reconhecimento dos direitos sociais para a preservação dos direitos humanos em todo o mundo e que o Estado deveria intervir para garantir um mínimo essencial aos seus habitantes com vistas a uma vida digna.

Ainda, consoante detida análise realizada por Ferreira (2007, p. 40): "As ideias de Weimar refletiram, inclusive aqui no Brasil, na elaboração da Constituição Federal de 1934, que trouxe a semente do Estado de Bem-Estar Social, semelhante aos ideais de liberdade, justiça e bem-estar social e econômico".

Comparato corrobora tal visão:

> Instituidora da primeira república alemã, a Constituição de Weimar, cidade da Saxônia onde foi elaborada e votada, surgiu como um produto da grande guerra de 1914-1918, que encerrou o "longo século XIX". Promulgada imediatamente após o colapso de uma civilização, ela ressentiu-se desde o início, em sua aplicação, dos tumultos e incertezas inerentes ao momento histórico em que foi concebida. (COMPARATO, 2003, p. 185).

Encerrada a grande Primeira Guerra Mundial, estava, na ordem do dia, a intervenção jurídica do Estado na economia, a fim de efetivar e de garantir direitos políticos, civis e sociais, para a promoção e para o desenvolvimento social.

Estatui Marco Aurélio Peri Guedes:

> A República de Weimar inaugurou uma fase inédita de estruturação constitucional do Estado alemão, com papel mais ativo no desenvolvimento social, na constituição de uma sociedade, com justiça social pela efetivação dos direitos sociais formulados na Constituição de Weimar, de 11 de agosto de 1919 – o *sozialstaat* ou Estado Social de Direito. A ordem econômica e social criada pela nascente República alemã serviu de modelo para alguns Estados no período imediatamente posterior à Primeira Guerra Mundial. No Brasil, por exemplo, intenso foi o debate sobre as conquistas sociais e constitucionais de Weimar, tendo a Carta Magna de 1934 sofrido forte influência do recém-criado modelo social alemão. (GUEDES, 1998, p. 2).

A Constituição Alemã de 1919 estabeleceu obrigações positivas ao Estado e, por isso, tratou de disciplinar, em sua segunda parte, os direitos e os deveres fundamentais dos alemães. Ela incluiu, no rol desses direitos, os sociais, econômicos e culturais; entre eles, o direito à educação e à escola, direitos trabalhistas e previdenciários etc.

Comparato elucida:

> A estrutura da Constituição de Weimar é claramente dualista: a primeira parte tem por objeto a organização do Estado; enquanto a segunda parte apresenta a declaração dos direitos e deveres fundamentais, acrescentando às clássicas liberdades individuais os novos direitos de conteúdo social. (COMPARATO, 2015, p. 205).

A Constituição Mexicana de 1917 e a Constituição Alemã de 1919 acabaram com qualquer dúvida sobre a necessidade de reconhecimento dos direitos sociais como direitos fundamentais e sobre a interrelação deles com os direitos civis e políticos para a garantia da dignidade da pessoa humana. Nas duas Constituições, os direitos trabalhistas e previdenciários são elevados ao nível constitucional.

Como destaca Luciane Cardoso Barzotto (2007), os direitos sociais dos trabalhadores foram tratados, em primeiro lugar, como matrizes de direitos fundamentais, quando positivados nas Constituições do México (1917) e da Alemanha (1919) no início do século XX.

Pedro Lenza (2016, p. 1.299) salienta que os direitos sociais compreendem um "desdobramento da perspectiva de um Estado Social de Direito, tendo como documentos marcantes a Constituição Mexicana de 1917, a de Weimar, na Alemanha, de 1919, e, no Brasil, a de 1934".

Assim sendo, a Constituição Alemã reconhece os direitos fundamentais do trabalhador em vários artigos, alguns deles abaixo transcritos, *in verbis*:

> Art. 162. O Estado central toma a iniciativa de propor uma regulação internacional das relações jurídicas de trabalho, tendente a criar um padrão mínimo geral de direitos sociais.
>
> Art. 163. Sem prejuízo de sua liberdade pessoal, todos os alemães têm o dever moral de utilizar suas forças físicas e espirituais para o bem da comunidade.
>
> A todo alemão dá-se a possibilidade de prover à sua subsistência pelo seu trabalho. Enquanto não se lhe puder proporcionar uma oportunidade de trabalho, cuidar-se-á de suas necessidades de subsistência. As particularidades locais serão atendidas mediante leis especiais do Estado central.
>
> Art. 165. Os operários e empregados são chamados a colaborar, em igualdade de direitos com os empresários, na regulação das condições de salário e trabalho, assim como na evolução econômica geral das forças produtivas. São reconhecidas as organizações de ambas as categorias e bem assim as convenções que celebrarem entre si.

Para salvaguarda de seus interesses sociais e econômicos, os operários e empregados mantêm representantes legais nos conselhos de empresa, bem como, de acordo com os setores econômicos, em Conselhos Distritais de Trabalhadores e em um Conselho Nacional de Trabalhadores.

Os Conselhos Distritais de Trabalhadores e o Conselho Nacional de trabalhadores, para o cumprimento das tarefas econômicas gerais e para a colaboração na execução das leis de socialização, reúnem-se com os representantes dos empresários, e bem assim com os dos grupos sociais interessados, em Conselhos Distritais Econômicos e em um Conselho Econômico Nacional. Os Conselhos Distritais Econômicos e o Conselho Econômico Nacional devem ser organizados de forma que todos os grupos profissionais relevantes, segundo sua importância econômica e social, sejam neles representados.

Projetos de lei de fundamental importância em matéria de política social e de política econômica devem ser submetidos, previamente à sua apresentação, à consideração do Conselho Econômico Nacional. O Conselho Econômico Nacional tem também a iniciativa dessas leis. Se o governo federal não estiver de acordo com esses projetos de lei, tem o direito de submeter sua opinião à consideração da Assembleia Nacional. O Conselho Econômico Nacional, por intermédio de um de seus membros, pode defender seu projeto de lei perante Assembleia Nacional.

A Constituição Mexicana e a Constituição Alemã são dois textos constitucionais paradigmas para as Constituições dos demais países, devido ao tratamento dado aos direitos sociais como fundamentais para a preservação dos direitos humanos. As ideias de ambas as Constituições ecoaram por todo o mundo, refletindo-se nas Constituições de diversos países.

Por isso, pode-se dizer, seguindo-se o pensamento de Carlos Henrique Bezerra Leite (2011), que as Constituições do México (1917), da Rússia (1918) e da Alemanha (1919) representaram a passagem do Estado Liberal dos séculos XVIII e XIX para o Estado Social (e, no caso da Rússia, Socialista) do século XX, reorganizando o Estado em função da sociedade e não mais apenas do indivíduo.

Concorde Ferreira:

> A Constituição de Weimar converteu-se no texto paradigma do constitucionalismo do primeiro pós-guerra e marcou a divisão de águas entre o constitucionalismo liberal dos séculos XVIII e XIX e o constitucionalismo social do século XX. (FERREIRA, 2007, p. 39).

O autor destaca que "tanto a Constituição de Weimar quanto a Constituição Mexicana avançaram no tempo, ao prever, ao lado dos direitos civis e políticos os sociais como fundamentais para a preservação dos direitos humanos". (FERREIRA, 2007, p. 41).

Nota-se, então, que a primeira das Cartas Europeias a constitucionalizar os direitos sociais dos trabalhadores foi a Constituição Alemã de Weimar, promulgada em 11 de agosto de 1919, tornando-se uma referência mundial em matéria de direitos sociais.

1.3 A OIT E AS FONTES DO DIREITO INTERNACIONAL DO TRABALHO

A Organização Internacional do Trabalho (OIT) foi criada pela Conferência da Paz assinada em Versalhes em junho de 1919.

Como informa Carlos Roberto Husek (2015), os países vencedores da Primeira Guerra Mundial reuniram-se em Paris em 1919, e negociaram o "Tratado de Versalhes". Por isso, o referido tratado, que resultou da Conferência da Paz, criou a sociedade das Nações para assegurar a paz e, dentre várias decisões importantes, na sua Parte XIII, criou a Organização Internacional do Trabalho.

Constituída pelos países vitoriosos, logo após a Primeira Guerra Mundial, ela teve como objetivos promover a justiça social e, em particular, respeitar os direitos humanos no mundo do trabalho. Desde a sua criação, portanto, a OIT está assente no princípio inscrito na sua Constituição de que não pode haver paz universal duradoura sem justiça social.

Barzotto (2011) salienta que a OIT foi o primeiro regime internacional disposto funcionalmente em matéria de direitos humanos. A ação da OIT foi considerada pioneira a internacionalizar e a universalizar os direitos humanos. Por isso, o sistema da OIT é o mais desenvolvido na proteção dos direitos humanos.

Segundo Francisco Ferreira Jorge Neto e Jouberto de Quadros Pessoa Cavalcante:

> A OIT era parte integrante da Sociedade das Nações. Poucos meses depois da constituição da ONU (maio de 1946), foi concluído o acordo entre a nova Organização Internacional e a OIT, pelo qual se reconheceu a OIT como uma agência especializada, competente para empreender a ação que considere apropriada, de conformidade com seu instrumento constitutivo básico, para o cumprimento dos propósitos nele expostos (art. 1º). (JORGE NETO; CAVALCANTE, 2015, p. 143).

Roseli Fernandes Scabin (2015, p. 3) argumenta que a OIT foi criada "como resultado dos esforços dos países integrantes da então existente liga das Nações, no sentido de promover a paz mundial e prevenir o mundo contra o surgimento de focos de potenciais conflitos através da humanização das condições de trabalho". E complementa a autora:

> Os dirigentes dos países integrantes da Liga das Nações perceberam, desde então, os perigos decorrentes das más condições de vida que atingiam a maior parte da população. Em outras palavras, ficou claro, para o mundo inteiro, que o povo submetido a condições de vida desumanas, ou até mesmo subumanas, torna-se vulnerável à disseminação de ideologias nem sempre honestas em seus propósitos, e transforma-se em "massa de manobra" a serviço de interesses políticos e de governantes equivocados ou mal-intencionados. (SCABIN, 2015, p. 3).

Mário De La Cueva, citado por Arnaldo Süssekind, prevê:

> O direito internacional do trabalho é direito interno que se universaliza; porém, também poderia dizer-se que o direito do trabalho é direito internacional do trabalho que se realiza na legislação de cada Estado. Seria, talvez, preferível falar do direito universal do trabalho. (DE LA CUEVA *apud* SÜSSEKIND, 2000, p. 317).

Insta destacar que o Tratado de Versalhes — nome pelo qual a Conferência ficou conhecida — dispôs, na parte XIII sobre a criação da OIT, o documento internacional elaborado para promover a paz social e enunciar a melhoria das relações empregatícias por meio dos princípios que iriam reger a legislação internacional do trabalho. Por ter sido um desses países vitoriosos, o Brasil tomou parte do Tratado como um de seus signatários.

Süssekind, ao enfatizar a finalidade e o objeto do Direito Internacional do Trabalho, esclarece:

> A expressão 'Direito Internacional do Trabalho' (DIT) vem sendo empregada cada vez mais para identificar o capítulo do Direito Internacional

Público que trata da proteção do trabalhador, seja como parte de um contrato de trabalho, seja como ser humano, com as finalidades: a) universalizar os princípios de justiça social e, na medida do possível, uniformizar as correspondentes normas jurídicas; b) estudar as questões conexas, das quais depende a consecução desses ideais; c) incrementar a cooperação internacional visando à melhoria das condições de vida do trabalhador e à harmonia entre o desenvolvimento técnico-econômico e o progresso social. (SÜSSEKIND, 2000, p. 17).

Segue o assaz apropriado pensamento de Husek, acerca do conceito, da finalidade e do objeto do Direito Internacional do Trabalho:

O Direito Internacional do Trabalho é um ramo do Direito Internacional Público, como o são tantos outros — Direito Administrativo Internacional, Direito Ambiental Internacional, Direitos Humanos, Direito da Integração, Direito Comunitário, Direito Penal Internacional, Direito Econômico Internacional, Direito Internacional Tributário etc. Tal direito consagra-se no conjunto de normas e princípios que se revelam aplicáveis a todos os trabalhadores, independentemente dos Estados de que são nacionais, e mesmo àqueles sem Estado, apátridas, refugiados e outros, marginais do mundo globalizado. Porque o Direito Internacional do Trabalho tem natureza e vocação universais. Nos dias atuais, em que, cada vez mais, aproximam-se regras de Direitos Humanos, regras fundamentais e regras trabalhistas — que em última análise são de Direitos Humanos —, este novel ramo do Direito tem missão luminosa, que, de alguma forma, instiga o orgulho dos Estados soberanos, que se veem obrigados a curvarem-se — não sem um certo jogo de cena — aos tratados internacionais. (HUSEK, 2015, p. 62).

Também, na mui apropriada visão de Husek, observam-se a finalidade e o objeto do Direito Internacional do Trabalho:

É a de universalizar os princípios de justiça social, bem como, se possível, buscar a uniformização das normas jurídicas dos diversos Estados, quanto à matéria do trabalho, desenvolvendo a cooperação internacional. O objetivo básico é a condição da melhoria da vida do trabalhador, não importa a raça, sexo, idade, cultura, nível social, espécie profissional, nacionalidade, religião etc. (HUSEK, 2015, p. 63).

Por conseguinte:

A vocação universal do Direito Internacional do Trabalho faz com que ele, necessariamente, se (*sic*) estenda e influencie o Direito interno de cada país. Não existe para florescer e viver no âmbito da organização internacional, especificamente da OIT. Esta é geradora do Direito que deve viver e propagar-se nos diversos territórios dos seus membros e nos territórios dos Estados que pactuam, fora do âmbito da OIT, tratativas referentes ao trabalho e/ou (sic) que consagram normas de integração comunitária, como, a exemplo, tendem os blocos da União Europeia e do Mercosul, dentre outros. (HUSEK, 2015, p. 63).

Consagra-se também, neste ramo do Direito Internacional Público, toda e qualquer norma, todo princípio ou pacto que influencie, direta ou indiretamente, o trabalho.

Husek (2015) demonstra que estes se inserem no campo social e político de quase todos os países do mundo, independendo de concepção político-ideológica, por isso interpenetram-se também no campo econômico e no campo individual e político. Basicamente, devem ser vistos como faces da mesma moeda os campos social e econômico, sendo impossível — que o digam os governantes — priorizar um sem influenciar o outro. Para o Direito Internacional do Trabalho, embora respeitadas as leis fundamentais do Estado, as fronteiras do Estado são desconsideradas e consideradas dentro dos limites de sua soberania.

Durand e Jaussaud, citados por Süssekind, definiram os três motivos inspiradores da criação da OIT com exatidão:

> a) um sentimento de justiça social por existirem, ainda, condições de trabalho que implicam, para um grande número de pessoas, miséria e privações; b) o perigo da injustiça social para a manutenção da paz, em vista do descontentamento que gera; c) a similaridade das condições de trabalho na ordem internacional, a fim de evitar que os esforços de certas nações desejosas de melhorar a sorte dos seus trabalhadores possam ser obstados pela não-adoção, por outros países, de regimes de trabalho realmente humanos. (DURAND; JAUSSAUD apud SÜSSEKIND, 2000, p. 124).

O autor, contudo, adverte que a similitude das condições de trabalho no plano universal, com o objetivo de formar um direito comum da humanidade nos campos do Direito do Trabalho e da Seguridade Social, não poderá ser alcançada enquanto vigorar a injusta ordem econômica internacional resultante do neoliberalismo irradiado pela globalização da economia, que dividiu o mundo em países globalizantes e globalizados, impedindo o desenvolvimento socioeconômico do terceiro mundo.

Para Nicolas Valticos, citado por Süssekind, a filosofia da OIT apresenta as seguintes características:

> O objetivo da OIT não se restringe a melhorar as condições de trabalho, mas a melhorar a condição humana no seu conjunto; b) a OIT não procura unicamente a melhoria das condições materiais de existência. Ela dá ênfase tanto à luta contra a necessidade, visando ao progresso material e à segurança econômica, como à defesa dos valores da liberdade — notadamente da liberdade de expressão e de associação — de dignidade e de igualdade — em particular da igualdade de oportunidade, independentemente da raça,

da crença ou do sexo; c) a ação da Organização não se limita à proteção dos trabalhadores propriamente ditos, porquanto alcança o conjunto dos seres humanos nas suas relações com o trabalho; c) os textos fundamentais da OIT insistem na necessidade de um esforço concentrado, internacional e nacional, para promover o bem comum, isto é, para assegurar o bem-estar material e espiritual da humanidade; d) esses princípios de base da OIT sublinham que a ação para melhorar as condições sociais da humanidade, no sentido mais amplo do termo, não deve constituir um setor distinto das políticas nacionais ou da ação internacional, pois representa o próprio objeto dos programas econômicos e financeiros e que estes devem ser julgados por esse prisma. Afirma-se, assim, a primazia do social em toda planificação econômica e a finalidade social do desenvolvimento econômico. (VALTICOS *apud* SÜSSEKIND, 2000, p. 129).

A OIT é uma entidade que visa orientar as políticas legislativas para todos os países-membros, objetivando internacionalizar disposições sobre o trabalho e seguridade social e outras correlatas, que ampliem o rol de tutela e de efetivação dos Direitos Humanos dos trabalhadores. Sua criação foi muito bem delineada pela Conferência da Paz que originou o Tratado de Versalhes, dispondo acerca da OIT, em sua parte XIII, com o seguinte preâmbulo, *in verbis*:

Considerando que a paz para ser universal e duradoura deve assentar sobre a justiça social;

Considerando que existem condições de trabalho que implicam, para grande número de indivíduos, miséria e privações, e que o descontentamento que daí decorre põe em perigo a paz e a harmonia universais, e considerando que é urgente melhorar essas condições no que se refere, por exemplo, à regulamentação das horas de trabalho, à fixação de uma duração máxima do dia e da semana de trabalho, ao recrutamento da mão-de-obra, à luta contra o desemprego, à garantia de um salário que assegure condições de existência convenientes, à proteção dos trabalhadores contra as moléstias graves ou profissionais e os acidentes do trabalho, à proteção das crianças, dos adolescentes e das mulheres, às pensões de velhice e de invalidez, à defesa dos interesses dos trabalhadores empregados no estrangeiro, à afirmação do princípio "para igual trabalho, mesmo salário", à afirmação do princípio de liberdade sindical, à organização do ensino profissional e técnico, e outras medidas análogas;

Considerando que a não adoção por qualquer nação de um regime de trabalho realmente humano cria obstáculos aos esforços das outras nações desejosas de melhorar a sorte dos trabalhadores nos seus próprios territórios.

Segundo Lygia Maria de Godoy Batista Cavalcante (2008), o Tratado de Versalhes consagrou o Direito do Trabalho como um novo ramo da ciência jurídica e, para universalizar suas normas, criou a OIT. O preâmbulo de criação da OIT contém o essencial da tríplice justificação de uma ação legislativa internacional sobre as questões de trabalho com expressiva ressonância nas Convenções correspondentes. Assim sendo, a primeira justificativa é a "política", a fim de assegurar bases sólidas à paz mundial; a segunda justificativa é a "humanitária", voltada à existência das condições de trabalho que despertam injustiça, miséria e privações; e, por fim, a terceira justificativa é "econômica", com o argumento inicial da concorrência internacional como obstáculo para a melhoria das condições sociais em escala nacional.

A esse respeito, lecionam Patrícia Tuma Martins Bertolin e Fabiana Larissa Kamada (2014), que a OIT tem desenvolvido, desde o seu surgimento em 1919, diversas ações para o fortalecimento da justiça social, quer elaborando, quer influindo decisivamente para o delineamento de políticas econômicas, sociais e trabalhistas.

Na lição de Márcio Morena Pinto (2014), desde o momento de sua instituição, a OIT vem desempenhando relevante papel na internacionalização do Direito do Trabalho, fomentando a uniformização de preceitos trabalhistas fundamentais e a sua harmonização com a ordem interna dos países celebrantes de seus tratados e de suas convenções.

Américo Plá Rodriguez, citado por Luiz Eduardo Gunther (2012), estabelece os motivos mais importantes para se internacionalizar a proteção do trabalhador, ou seja, as cinco razões que explicam por que a ideia de formar um Direito Internacional do Trabalho surgiu e se desenvolveu. De acordo com este autor, a OIT constitui como razão essencial para se internacionalizar, de forma eficaz e permanente, a proteção do trabalhador, estabelecendo um nível mínimo de benefícios que todos os países respeitem. Por isso, os motivos que justificam tal propósito podem resumir-se em cinco pontos principais, a saber: a) universalidade dos problemas; b) perigo da concorrência desleal entre os Estados; c) solidariedade entre os trabalhadores de diversos países; d) desenvolvimento das migrações; e) contribuição para a paz.

A criação da OIT baseou-se em argumentos humanitários e políticos que fundamentaram a formação da justiça social no âmbito internacional do trabalho. O argumento humanitário funda-se nas condições injustas e deploráveis das circunstâncias de trabalho e de vida dos trabalhadores — a partir da Revolução Industrial — que se deu em virtude das mudanças no sistema de produção durante o século XVIII na Inglaterra.

A Revolução Industrial multiplicou a riqueza e o poderio econômico dos burgueses; todavia, em contrapartida, trouxe, para a população operária, o aprofundamento das desigualdades sociais, o aumento do desemprego e a alienação dos trabalhadores em relação aos meios de produção. Como o empresário-capitalista tornou-se o detentor único dos meios de produção, agrupando assalariados em seu estabelecimento para operarem as máquinas (produção em série), dispensou-se a habilidade individual. Consequentemente, a mecanização generalizou a divisão do trabalho e fragmentou a produção de cada artigo em etapas sucessivas que exigem do trabalhador uma repetição de movimentos remetentes.

Em tal contexto, assegura Cavalcante:

> A exigência cada vez menor com relação às habilidades individuais do trabalhador, a preponderância da grande máquina e o número cada vez maior de empregados povoando as grandes fábricas transformaram o trabalhador numa simples peça, sem maior importância e anônima, desconhecida; um objeto igual aos demais, carente de valor humano. (CAVALCANTE, 2007, p. 144).

Assim, em decorrência da intensa industrialização nos países europeus, surgiram as condições sociais e políticas para os movimentos organizados de reivindicações dos trabalhadores ante o crescente estado de miséria e de sofrimento a que estavam submetidos. Em face da tomada de consciência de classe e da luta por melhores condições de vida, de trabalho, de saúde e de dignidade, os trabalhadores influenciaram a intervenção social do Estado para construir políticas de proteção à classe trabalhadora.

Na mesma toada, explica Cavalcante:

> A chamada questão social, evidenciada no século XIX, representava a situação lamentável em que se encontravam os trabalhadores no alvorecer da sociedade industrial, sobretudo em razão dos salários insuficientes, das condições penosas de trabalho e de moradia, das jornadas extenuantes, dos riscos trazidos pelos trabalhos nas máquinas, das sequelas dos acidentes em seguridade social, do desamparo às enfermidades e à invalidez, além do abuso aos trabalhos das mulheres e das crianças, que eram pagos com salários ainda menores. A reação a todos esses problemas vividos pela classe trabalhadora se produziu a partir da tomada de consciência acerca da situação. (CAVALCANTE, 2007, p. 144).

A burguesia industrial, em busca de maiores lucros e de menores custos, acelerou a produção de mercadorias com o aumento da exploração do trabalhador, numa fase histórica em que a Revolução Industrial propiciava o fortalecimento das empresas.

Conforme Sidney Guerra:

> O surgimento da Organização Internacional do Trabalho é uma resposta aos anseios dos movimentos sindicais que pressionavam os Estados no que tangia à criação de uma organização que pudesse estabelecer mecanismos de proteção aos trabalhadores. (GUERRA, 2014, p. 31).

Neste aspecto, "desde a Revolução Industrial, havia um forte apelo para que fossem asseguradas e protegidas prerrogativas dos trabalhadores, haja vista as condições insalubres e precárias em que as atividades eram desenvolvidas". (GUERRA, 2014, p. 31).

Então, inúmeros empregadores, valendo-se da plena liberdade contratual e do Estado Liberal, impuseram aos trabalhadores a aceitação das mais vis condições de trabalho. Dessa maneira, os problemas sociais gerados por aquela revolução (miséria, desemprego, salários irrisórios, longas jornadas, grandes invenções tecnológicas da época, inexistência de leis trabalhistas etc.) contribuíram para consolidar o capitalismo como modo de produção dominante.

Observa-se, de tal modo, que o trabalho retribuído por salário acarretou o surgimento dos direitos sociais, pela luta do proletariado por melhores condições de vida e de trabalho e por normas ou regras de justiça retributiva. O aumento da marginalização social e o embate entre o proletariado e o aparato político-estatal acabaram culminando na formação do Estado de Bem-Estar Social, já em fins do século XIX e, principalmente, durante o século XX.

O Estado de Bem-Estar Social surgiu, pois, com a eclosão das reivindicações e dos movimentos sociais dos trabalhadores por melhores condições de trabalho e de subsistência. Isso levou o Estado a interferir diretamente nas relações privadas para regulamentar a relação de trabalho e para dar proteção social aos indivíduos alijados do mercado de trabalho. Assim, é a proteção social dos trabalhadores a raiz histórica e sociológica do Direito do Trabalho.

Sob o impacto da Primeira Guerra Mundial e do processo de reconstrução social, a OIT surgiu, no plano político, como o mais importante organismo internacional, sendo responsável por assegurar bases sólidas para a paz mundial e por obter melhores condições humanas para a classe trabalhadora. A ideia da internacionalização da legislação social trabalhista veio, portanto, na primeira metade do século XX, quando se generalizou, em diversos Estados nacionais, a tese de que o Estado deveria intervir nas relações sociopolíticas e econômicas, com vistas a assegurar um mínimo de direitos sociais aos indivíduos. Tal movimento da classe operária subsidiou o nascimento do direito social ao trabalho regulado — considerado um dos direitos humanos de segunda dimensão.

A OIT funda-se no princípio da paz universal e permanente como instrumento de concretização e de universalização dos ideais de justiça social e de proteção ao trabalhador no mundo internacional do trabalho. Visto que a Organização das Nações Unidas (ONU) surgiu no ano de 1945, após a Segunda Guerra Mundial (1945), para não haver dois organismos internacionais com as mesmas funções e atribuições, declarou-se a OIT integrante da ONU. Por isso, a OIT é considerada um organismo internacional associado à ONU, aliás, a uma das agências especializadas da Organização das Nações Unidas.

Destarte, aprovada a Carta das Nações Unidas, da qual resultou a criação da ONU e a revisão da Constituição da OIT, fica afirmada, definitivamente, a personalidade da OIT como pessoa jurídica de direito público internacional, de caráter permanente, constituída de Estados, que assume, de forma soberana, a obrigação de observar as normas a se ratificarem no plano interno.

Reza o art. 39 da Constituição da OIT que a entidade internacional possui personalidade jurídica e capacidade para contratar, adquirir bens móveis e imóveis e deles dispor, para comparecimento em juízo, *in verbis*: "A Organização Internacional do Trabalho deve ter personalidade jurídica, e, precipuamente, capacidade para: a) adquirir bens, móveis e imóveis, e dispor dos mesmos; b) contratar; c) intentar ações".

Prescreve, ainda, o art. 40 da referida Constituição que a OIT possui imunidade de jurisdição no território de cada um dos seus membros, *in verbis*:

> 1. A Organização Internacional do Trabalho gozará, nos territórios de seus Membros, dos privilégios e das imunidades necessárias a (*sic*) consecução dos seus fins. 2. Os delegados à Conferência, os membros do Conselho de Administração, bem como o Diretor-Geral e os funcionários da Repartição, gozarão, igualmente, dos privilégios e (*sic*) imunidades necessárias para exercerem, com inteira independência, as funções que lhes competem, relativamente à Organização. 3. Tais privilégios serão especificados por um acordo em separado, que será elaborado pela Organização para fins de aceitação pelos Estados-Membros.

No viés da temática, Pinto (2014) demonstra que a OIT tem mantido uma representação desde a década de 1950, com programas e com atividades que cumprem os seus objetivos primordiais, refletindo-se em uma promoção permanente das normas internacionais do trabalho, do emprego, da melhoria das condições de trabalho e da ampliação da proteção social.

A OIT, portanto, visa adotar uma política social de cooperação e de desenvolvimento social entre todos os sistemas jurídicos nacionais para a melhoria das condições de trabalho, mediante a implementação de normas protetivas sociais, econômicas e universais para os trabalhadores e o reconhecimento internacional dos Direitos Humanos do Trabalhador.

Na oportuna visão de Gunther (2012), os notórios efeitos da globalização-mundialização apresentam desafios jurídicos no papel dos Estados, das Organizações Internacionais ou das empresas multinacionais. E o significado fundamental da OIT consiste em equilibrar as relações entre o capital e o trabalho, por se viver em um mundo unipolar com o predomínio do capitalismo.

Eduardo Biacchi Gomes e Andréa Arruda Vaz (2015) assinalam que os propósitos supratraçados por Gunther justificam a formação de uma pessoa jurídica internacional para a proteção e para a promoção do trabalho decente, de forma digna, com respeito, especialmente, aos trabalhadores menos favorecidos.

De tal modo, Gomes e Vaz (2015) argumentam, com exatidão, os referidos autores que a atuação da OIT volta-se à promoção de um mínimo de dignidade de forma a abarcar o máximo de países do planeta — em caráter universal — para um modo de vida minimamente decente, já que, na maioria das vezes, o trabalho, para grande parcela da população, pode ser o principal meio de se proporcionarem e de se efetivarem os direitos humanos. Logo, a preocupação da OIT se materializa na promoção de políticas sociais e na busca pela garantia de um trabalho decente para todos, como forma de concretização dos direitos fundamentais do ser humano ao trabalho, enquanto destinatário principal de todas as ações da OIT.

Pinto, no tocante ao Brasil, esclarece que a atuação da OIT vem se caracterizando mais recentemente pelo apoio ao esforço nacional do trabalho decente em áreas prioritárias, como:

> [...] combate ao trabalho forçado; trabalho infantil; tráfico de pessoas para fins de exploração sexual e comercial; promoção da igualdade de oportunidades e tratamento de gênero e raça no trabalho; e promoção de trabalho decente para os jovens, dentre outras. (PINTO, 2014, p. 55).

A OIT compreende, portanto, uma pessoa jurídica de Direito Internacional Público, de caráter permanente, posteriormente vinculada às Nações Unidas. Todos os seus objetivos visam estabelecer critérios básicos de proteção ao trabalhador, regulando a sua proteção no plano internacional, objetivando assegurar padrões mais condizentes de dignidade e de bem-estar social.

Desde a sua criação, a OIT está assente no princípio — inscrito na sua Constituição — de que não pode haver paz universal duradoura sem justiça social. Desse modo, com o Tratado de Versalhes, ficou estabelecida a criação da Liga das Nações, bem como a criação de uma organização internacional voltada aos interesses dos trabalhadores.

Então, concorde Süssekind, a OIT possui a seguinte natureza jurídica:

> A OIT é uma pessoa jurídica de Direito Público Internacional, de caráter permanente, constituída de Estados, que assumem, soberanamente, a obrigação de observar as normas constitucionais da entidade e das convenções que ratificam, integrando o sistema das Nações Unidas como uma das suas agências especializadas. A composição tripartida da sua assembleia geral (Conferência Internacional do Trabalho), do Conselho de Administração e de quase todos os seus órgãos colegiados, nos quais têm assento, com direito a voz e (sic) voto, representantes de Governos e de organizações de trabalhadores e de empregadores, constitui uma das características marcantes da OIT e fator de relevo na formação do alto conceito que desfruta nos planos da cultura, da produção e do trabalho. (SÜSSEKIND, 2000, p. 122).

Neste sentido, a Organização Internacional do Trabalho traduz-se como marco notável na generalização do processo de afirmação dos direitos humanos sociais do trabalhador no mundo capitalista.

Pretendendo ampliar ainda mais o raio de atuação do Direito Internacional do Trabalho, Süssekind adverte:

> Hoje, portanto, o DIT não se preocupa somente com as condições de trabalho e (sic) os direitos previdenciários do trabalhador. As normas sobre direitos humanos correlacionados com o trabalho, a política de desemprego, a seguridade social populacional, o exame de questões econômicas pelo prisma dos seus reflexos sociais, a política social das empresas multinacionais, a reforma agrária, a proteção e integração das populações indígenas, tribais ou semitribais e os programas de cooperação técnica nos setores da formação profissional, da administração do trabalho, do combate ao desemprego e ao subemprego, da educação do trabalhador para incrementar sua participação no desenvolvimento socioeconômico, da melhoria do meio ambiente de trabalho etc., retratam o novo dimensionamento do DIT. (SÜSSEKIND, 2000, p. 25).

Em sendo assim, Husek (2015) estabelece, com peculiar exatidão, que o Direito Internacional do Trabalho nasceu de concepções jusnaturalistas e positivistas que se complementam — o Direito Natural e o Direito Positivo — representando, pois, a consagração de direitos, amplamente considerados, não só trabalhistas, que se encontram em diversos documentos internacionais. O autor cita os seguintes documentos internacionais:

> a) a Declaração relativa aos fins e (sic) objetivos da OIT — Conferência de Filadélfia, de maio de 1944, incorporada à constituição da OIT na Conferência

de Montreal de outubro de 1946; b) a Declaração Universal dos Direitos Humanos, adotada na Assembleia Geral da ONU pela Resolução n. 2.106-A, de 21.12.1965, e ratificada pelo Brasil em 27.3.1968; c) o Pacto Internacional dos Direitos Econômicos, Sociais e Culturais, também aprovado na Assembleia Geral das Nações Unidas pela Resolução n. 2.200-A, de 16.12.1996, e no Brasil (sic) pelo Decreto Legislativo n. 226, de 12.12.1991, e Decreto de promulgação n. 591, de 6.7.1992; d) o Pacto Internacional dos Direitos Civis e Políticos, igualmente aprovado na mesma Resolução da ONU pelos mesmos decretos internos; e) a Convenção Internacional sobre Todas as Formas de Discriminação Racial; f) a Convenção sobre a Eliminação de Todas as Formas de Discriminação contra a Mulher, adotada pela Resolução n. 34/80 da ONU, de 19.9.1979, e ratificada pelo Brasil em 1.2.1984; g) a Convenção contra Tortura e Outros Tratados ou Penas Cruéis, Desumanas ou Degradantes, adotada pela Resolução n. 39/46, da Assembleia Geral da ONU, de 10.12.1984, ratificada pelo Brasil em 29.9.1989; h) a Convenção sobre os Direitos da Criança, adotada pela Resolução L. 44, de 20.11.1989, ratificada pelo Brasil em 24.9.1990; i) a Declaração Americana dos Direitos e Deveres do Homem; j) a Convenção Americana dos Direitos Humanos; k) o Tratado de Assunção e demais Protocolos; l) os Tratados no âmbito europeu, como o Código Europeu de Seguridade Social e a Convenção Europeia de Seguridade Social, de 1954, a Carta Social Europeia de 1961; e outros no âmbito da própria ONU, como o Alto-Comissariado das Nações Unidas para Refugiados (ACNUR) e seus atos internacionais; m) a Carta da Organização dos Estados Americanos — OEA; n) devem ser incluídos todos os demais tratados que criam regras de observância relativas ao trabalho, como as regras básicas da OMC e a preocupação com o *"dumping social"*, nos negócios encetados pelos membros da OMC. Tais regras, atos, acordos, tratados nem sempre estão voltados de forma específica para os direitos sociais ou trabalhistas, mas revelam-se em defesa do ser humano, de seus direitos básicos e, como tais, devem ser respeitados por todos os Estados e por todos os que vivem sob a responsabilidade estatal. (HUSEK, 2015, p. 61).

Assim, em consonância com o brilhante direcionamento de Husek:

O Direito Internacional do Trabalho abebera-se dessas fontes, porque cuida básica e intrinsecamente de Direitos Humanos, especificamente aqueles correspondentes aos que trabalham, prestam serviços, como empregados ou não, e também àqueles que fornecem essa possibilidade de prestação de serviços. (HUSEK, 2015, p. 62).

Como nos sábios dizeres de Husek (2015), a extensão e a abrangência do Direito Internacional do Trabalho compreendem, portanto, as normas de emprego, as normas de trabalho *lato sensu*, as normas advindas de tratados multilaterais, plurilaterais e bilaterais, advindos ou não da OIT, as normas relativas aos direitos fundamentais do ser humano e as normas de natureza econômica.

Logo, o Direito Internacional do Trabalho não se ocupa apenas das regras ou das fontes específicas (sejam elas formais ou materiais) oriundas da Conferência Internacional do Trabalho, e sim de todos os diplomas internacionais que contêm disposições sociais e que influenciaram ou que continuam influenciando, de algum modo, o Direito Internacional do Trabalho, por assegurarem a proteção e a promoção dos Direitos Humanos dos trabalhadores em escala internacional.

Acerca disso, seguindo a sempre acertadíssima análise de Husek (2015), não se pode reduzir o Direito Internacional apenas às regras da OIT, apesar de elas ocuparem o maior espaço. Isso porque todos os tratados internacionais, mesmo fora do âmbito da OIT, podem conter regras sociais que devem ser postas dentro de tal ramo de estudo.

Cumpre lembrar, contudo, que, na presente obra jurídica, são os principais objetos de estudo as seguintes fontes do Direito Internacional do Trabalho: a) a Constituição da OIT de 1919; b) a Declaração de Filadélfia de 1944; c) a Declaração Universal dos Direitos Humanos de 1948; e d) a Declaração sobre Princípios e Direitos Fundamentais no Trabalho de 1988.

1.3.1 A Constituição da OIT de 1919

Como visto, a Organização Internacional do Trabalho (OIT) foi criada em 1919, ao término da Primeira Guerra Mundial, por meio da Parte XIII do Tratado de Versalhes, que, por sua vez, instituiu a Constituição da OIT de 1919.

A Parte XIII do Tratado de Versalhes divide-se em 1ª Seção, o preâmbulo, com quatro capítulos: Capítulo 1 — Organização (arts. 387 a 389); Capítulo 2 — Funcionamento (arts. 400 a 420); Capítulo 3 — Prescrições Gerais (arts. 421 a 423); Capítulo 4 — Medidas Transitórias (arts. 424 a 426). Já a 2ª Seção, por meio do art. 427, trata dos princípios gerais, *in verbis*:

> Art. 427. As Altas Partes contratantes, reconhecendo que o bem-estar físico, moral e intelectual dos trabalhadores industriários é de importância essencial do ponto de vista internacional, criaram um organismo permanente associado à Sociedade das Nações. Reconhecem que as diferenças de clima, usos e costumes, de oportunidade econômica e de tradição industrial tornam difícil alcançar, de maneira imediata, a uniformidade absoluta nas condições de trabalho. Entretanto, persuadidos de que o trabalho não há de ser considerado simplesmente como um artigo de comércio, pensam que existem métodos e princípios para a regulamentação das condições de trabalho que todas as comunidades industriais deverão esforçar-se em aplicar, enquanto as circunstâncias especiais em que possam encontrar-se o permitam. Entre esses métodos e princípios, as Altas Partes contratantes opinam que os seguintes têm uma importância especial e urgente:
>
> 1º — O princípio diretivo antes enunciado de que o trabalho não há de ser considerado como mercadoria ou artigo de comércio;
>
> 2º — O direito de associação visando a alcançar qualquer objetivo não contrário às leis, tanto para patrões como para assalariados;
>
> 3º — O pagamento aos trabalhadores de um salário que lhes assegure um nível de vida conveniente em relação com o contexto temporal e seu país;

4º — A adoção da jornada de 08 horas ou 48 horas semanais, como objetivos a alcançar-se onde ainda não se haja logrado;

5º — A adoção de um descanso semanal de 24 horas, sempre que possível aos domingos;

6º — A supressão do trabalho de crianças e a obrigação de impor aos trabalhos de menores de ambos os sexos as limitações necessárias para permitir-lhes continuar sua instrução e assegurar seu desenvolvimento físico;

7º — O princípio do salário igual, sem distinção de sexo, para trabalho de igual valor;

8º — As leis promulgadas em cada país, relativas às condições de trabalho, deverão assegurar um tratamento econômico equitativo a todos os trabalhadores que residam legalmente no país;

9º — Cada Estado deverá organizar um serviço de inspeção, que inclua mulheres, a fim de assegurar a aplicação das leis e regulamentos para a proteção dos trabalhadores. Sem proclamar que esses princípios e métodos são complementos ou definitivos, as Altas Partes contratantes entendem que servem para guiar a política da Sociedade das Nações e que, se forem adotados pelas comunidades industriais que são membros da Sociedade das Nações e mantidos completos na prática, por um corpo apropriado de inspetores, beneficiarão profundamente os assalariados do mundo.

Ressalte-se que a Parte XIII do Tratado de Versalhes, que se encontra na Constituição da OIT, foi complementada pela Declaração da Filadélfia de 1944.

O art. 1º da Constituição da OIT estatui que a organização tem caráter permanente e é encarregada de promover a realização do programa exposto no preâmbulo da própria Constituição e na Declaração referente aos fins e aos objetivos da Organização Internacional do Trabalho, adotada na Filadélfia, em 10 de maio de 1944, e cujo texto figura em anexo à mesma Constituição.

O Tratado de Versalhes, que se tornou uma das primeiras e mais importantes fontes do Direito Internacional do Trabalho, representou uma etapa fundamental para o início de uma institucionalização do sistema internacional de proteção aos trabalhadores. Como destaca Pinto:

> Desde o momento de sua instituição, a OIT vem desempenhando relevante papel na internacionalização do Direito do Trabalho, fomentando a uniformização de preceitos trabalhistas fundamentais e a sua harmonização com a ordem interna dos países celebrantes de seus tratados e convenções. (PINTO, 2014, p. 45).

Na mui precisa visão de Paulo Borba Casella *et al.*, citado por Pinto:

> Esse tratado de paz, assim como o seu protocolo anexo, foi assinado aos 28 de junho de 1919, tendo como celebrantes os Estados Unidos da América, o Império Britânico, França, Itália e Japão, como "potências principais aliadas", secundados pela Bélgica, Bolívia, Brasil, China, Cuba, Equador, Grécia, Guatemala, Haiti, Hedjaz, Honduras, Libéria, Nicarágua, Panamá, Peru, Bolívia, Portugal, Romênia, Estado Servo-Croata-Sloveno, Sião, Tchecoslováquia e Uruguai, enquanto potências associadas, e a Alemanha. (CASELLA *et al.*, *apud* PINTO, 2014, p. 35).

A Constituição da OIT configura, no dizer de Barzotto (2011, p. 86), "a fonte primária da qual emanam as demais fontes".

O preâmbulo da Constituição da OIT preconiza que todos os objetivos da organização só devem ser alcançados "considerando-se que a paz universal e permanente só pode basear-se na justiça social". Torna-se, isto posto, necessário elucidá-los para melhor compreensão dos objetivos contidos na Constituição da Organização Internacional do Trabalho, *in verbis*:

> Considerando que a paz para ser universal e duradoura deve assentar sobre a justiça social;
>
> Considerando que existem condições de trabalho que implicam, para grande número de indivíduos, miséria e privações, e que o descontentamento que daí decorre põe em perigo a paz e a harmonia universais, e considerando que é urgente melhorar essas condições no que se refere, por exemplo, à regulamentação das horas de trabalho, à fixação de uma duração máxima do dia e da semana de trabalho, ao recrutamento da mão-de-obra, à luta contra o desemprego, à garantia de um salário que assegure condições de existência convenientes, à proteção dos trabalhadores contra as moléstias graves ou profissionais e os acidentes do trabalho, à proteção das crianças, dos adolescentes e das mulheres, às pensões de velhice e de invalidez, à defesa dos interesses dos trabalhadores empregados no estrangeiro, à afirmação do princípio "para igual trabalho, mesmo salário", à afirmação do princípio de liberdade sindical, à organização do ensino profissional e técnico, e outras medidas análogas;
>
> Considerando que a não adoção por qualquer nação de um regime de trabalho realmente humano cria obstáculos aos esforços das outras nações desejosas de melhorar a sorte dos trabalhadores nos seus próprios territórios.
>
> AS ALTAS PARTES CONTRATANTES, movidas por sentimentos de justiça e de humanidade e pelo desejo de assegurar uma paz mundial duradoura, visando os (*sic*) fins enunciados neste preâmbulo, aprovam a presente Constituição da Organização Internacional do Trabalho:
>
> [...]

Para Süssekind:

> O referido preâmbulo ressalta a tríplice justificação da consagração do Direito do Trabalho (então ainda abrangendo a Previdência Social), visando à universalização das leis social-trabalhistas: humanitária, política e econômica. (SÜSSEKIND, 2000, p. 102).

John D. Rockefeller Jr., citado por Barzotto (2011, p. 75), considera que "da relação estabelecida no preâmbulo, entre paz e justiça social, a conclusão possível é (*sic*) que o conceito de paz não pode ser apenas ausência de guerra, mas deve ser a construção de uma comunidade universal justa".

Assim, adverte Barzotto (2011, p. 31) que "a OIT, desde a sua fundação, já tem privilegiado os princípios gerais de proteção ao trabalhador, como se observa da sua Constituição".

E mais:

> A Constituição da OIT, primeira atividade normativa, foi elaborada em 1919, instituindo a organização e considerando os sentimentos de justiça

e (*sic*) paz permanente no mundo. A atividade normativa constitui-se em meio de ação privilegiada da OIT para promover a justiça social. É a atividade que implica elaboração de normas internacionais do trabalho (NIT), com o propósito de que sejam aceitas de modo mais amplo possível, facilitando sua execução pelos Estados-membros. (BARZOTTO, 2011, p. 76).

Seguindo-se no esteio de Pinto (2014), o Tratado de Versalhes fixou diversos princípios trabalhistas, os quais foram sendo positivados pelos países industrializados ou em processo de industrialização, tais como: duração diária e semanal do trabalho, repousos do trabalhador, isonomia salarial, proteção especial ao menor e à mulher, direito de associação, entre tantos outros direitos responsáveis por formar o arcabouço do Direito Internacional do Trabalho.

1.3.2 A Declaração Referente aos Fins e Objetivos da OIT ou Declaração de Filadélfia de 1944

Em 1944, durante a 26ª Conferência Geral da Organização Internacional do Trabalho (OIT), foi aprovada a Declaração Referente aos Fins e Objetivos da OIT — instrumento também conhecido como Declaração de Filadélfia — que reafirmou os principais objetivos da Organização, bem como os princípios fundamentais sobre os quais repousa o Direito Internacional do Trabalho, inscritos na primeira parte da referida Declaração, quais sejam:

a) o trabalho não é uma mercadoria;

b) a liberdade de expressão e de associação é uma condição indispensável a um progresso ininterrupto;

c) a penúria, seja onde for, constitui um perigo para a prosperidade geral;

d) a luta contra a carência, em qualquer nação, deve ser conduzida com infatigável energia, e por um esforço internacional contínuo e conjugado, no qual os representantes dos empregadores e dos empregados discutam, em igualdade, com os dos Governos e tomem, com eles, decisões de caráter democrático, visando ao bem comum.

Já em 1946, durante a 29ª Conferência Internacional do Trabalho da OIT, foi aprovada a Constituição da Organização Internacional do Trabalho que incorporou a Declaração de Filadélfia.

A Constituição da OIT, assim revista, substituiu a adotada em 1919 e foi emendada em 1922, 1934 e 1945. Sua vigência teve início em 20 de abril de 1948.

Para Süssekind:

> A Conferência Geral da OIT, realizada em Filadélfia (maio de 1944), quando se vislumbrava a vitória das forças aliadas na Segunda Guerra Mundial, ampliou, ainda mais, o campo de atuação dessa entidade e, portanto, do DIT. (SÜSSEKIND, 2000, p. 18).

Também concorde Süssekind:

> A Declaração de Filadélfia, que se incorporou, dois anos mais tarde, à Constituição da OIT, e a Declaração Universal dos Direitos do Homem, aprovada em 1948 pelas Nações Unidas, ampliaram o campo de atuação do Direito Internacional do Trabalho, dando-lhe nova dimensão. (SÜSSEKIND, 2000, p. 111).

Ao se ampliarem as finalidades e a competência da OIT, reafirmaram-se os princípios enunciados no preâmbulo da Constituição, que resultou do disposto no art. 427 do Tratado de Versalhes.

Afirma Ana Virgínia Moreira Gomes:

> A Declaração reafirma os princípios da OIT e expande o papel da organização para além dos limites das condições de trabalho e da função normativa exteriorizada pelas convenções. Como resultado, a OIT amplia suas atividades para abarcar temas acerca do funcionamento do mercado de trabalho, tais como políticas de emprego, informalidade, produtividade no trabalho, migração, seguridade social, habitação, proteção à maternidade, proteção à criança etc.; além de passar a abordar políticas econômicas e sociais que afetam o mercado de trabalho. (GOMES, 2014, p. 23).

Husek (2015, p. 105) informa com extrema propriedade que, após a aprovação dos ideais e dos princípios orientadores da OIT, foram estabelecidos os quatro objetivos estratégicos da OIT, a saber: "1. Promover e aplicar os princípios e direitos fundamentais no trabalho; 2. Desenvolver as oportunidades para que os homens e as mulheres tenham um emprego digno; 3. Alargar a proteção social; 4. Reformar o tripartismo e o diálogo social".

Cumpre destacar que a Declaração de Filadélfia se estrutura em cinco capítulos, sendo imprescindível destacá-los.

No primeiro capítulo, são reafirmados os princípios orientadores da OIT, nos quais se deveria inspirar a política dos Países-membros. A Conferência reafirma os princípios fundamentais sobre os quais repousa a Organização Internacional do Trabalho, principalmente os já supracitados.

No segundo capítulo, a Conferência, convencida de a experiência ter demonstrado plenamente a verdade da declaração contida na Constituição da Organização Internacional do Trabalho de que, para ser duradoura, a paz deve se assentar sobre a justiça social, afirma que: a) todos os seres humanos de qualquer raça, crença ou sexo têm o direito de assegurar o bem-estar material e o desenvolvimento espiritual dentro da liberdade e da dignidade, da tranquilidade econômica e com as mesmas possibilidades; b) a realização de condições que permitam o exercício de tal direito deve constituir o principal objetivo de qualquer política nacional ou internacional; c) quaisquer planos ou medidas, no terreno nacional ou internacional, máxime os de caráter econômico e financeiro, devem ser considerados sob esse ponto de vista e somente aceitos, quando favorecerem, e não entravarem, a realização do objetivo principal; d) compete à Organização Internacional do Trabalho apreciar, no domínio internacional, tendo em vista tal objetivo, todos os programas de ação e medidas de caráter econômico e financeiro; e) no desempenho das funções que lhe são confiadas, a Organização Internacional do Trabalho tem capacidade para incluir em suas decisões e recomendações quaisquer disposições que julgar convenientes, após levar em conta todos os fatores econômicos e financeiros de interesse.

No terceiro capítulo, a Conferência proclama, solenemente, a obrigação da Organização Internacional do Trabalho de auxiliar as Nações do Mundo na execução de programas que visem: a) proporcionar emprego integral para todos e elevar os níveis de vida; b) dar a cada trabalhador uma ocupação na qual ele tenha a satisfação de utilizar, plenamente, suas habilidades e seus conhecimentos e de contribuir para o bem geral; c) favorecer, para atingir o fim mencionado no parágrafo precedente, as possibilidades de formação profissional e facilitar as transferências e migrações de trabalhadores e de colonos, dando as devidas garantias a todos os interessados; d) adotar normas referentes aos salários e às remunerações, ao horário e às outras condições de trabalho, a fim de permitir a todos usufruírem o progresso e, também, que todos os assalariados, sem ainda o terem, percebam, no mínimo, um salário vital; e) assegurar o direito de ajustes coletivos, incentivar a cooperação entre empregadores e trabalhadores para melhoria contínua da organização da produção e a colaboração de uns e outros na elaboração e na aplicação da política social e econômica; f) ampliar as medidas de segurança social, a fim de proporcionar tanto uma renda mínima e essencial a todos a quem tal proteção é necessária quanto uma assistência médica completa; g) assegurar uma proteção adequada da vida e da saúde dos trabalhadores em todas as ocupações; h) garantir a proteção da infância e da maternidade; i) obter um nível adequado de alimentação, de alojamento, de recreação e de cultura; j) assegurar as mesmas oportunidades para todos em matéria educativa e profissional.

No quarto capítulo, a Conferência propõe que uma utilização mais ampla e completa dos recursos da terra é necessária para a realização dos objetivos enumerados na Declaração e que pode ser garantida por uma ação eficaz nos domínios internacional e nacional — em particular mediante medidas tendentes: a promover a expansão da produção e do consumo, a evitar flutuações econômicas graves, a realizar o progresso econômico e social das regiões menos desenvolvidas, a obter maior estabilidade nos preços mundiais de matérias-primas e de produtos e a favorecer um comércio internacional de volume elevado e constante. Além do que promete a inteira colaboração da Organização Internacional do Trabalho com todos os organismos internacionais aos quais possa ser atribuída uma parcela de responsabilidade nesta grande missão, como na melhoria da saúde e no aperfeiçoamento da educação e do bem-estar de todos os povos.

Por último, no quinto capítulo, a Conferência afirma que os princípios contidos na Declaração de Filadélfia convêm integralmente a todos os povos e que sua aplicação progressiva, tanto àqueles que são ainda dependentes quanto aos que já se podem governar a si próprios, interessa ao conjunto do mundo civilizado, embora se deva levar em conta, nas variedades de tal aplicação, o grau de desenvolvimento econômico e social atingido por eles em sua individualidade.

Desse modo, com a adoção da Declaração de Filadélfia de 1944, as normas da OIT, além de questões tradicionais, como aquelas às quais se refere o preâmbulo da Constituição da OIT (jornada, salário mínimo, proteção de crianças e de mulheres), também foram lançados temas mais amplos relacionados ao trabalho, a exemplo dos concernentes às condições de vida, de liberdade, de desenvolvimento e de bem-estar social.

Barzotto destaca:

> Os princípios da Declaração de Filadélfia se resumem, portanto, na dignidade do trabalho e do trabalhador, no valor da liberdade e na urgência do desenvolvimento social no interior dos Estados e a cooperação internacional para este fim. (BARZOTTO, 2011, p. 76).

No tocante ainda à Declaração de Filadélfia, Guerra salienta que ela "deu nova dimensão ao direito internacional do trabalho na medida em que se ampliavam as finalidades, as competências e o funcionamento da Organização Internacional do Trabalho". (GUERRA, 2014, p. 33).

De acordo com Pinto:

> Essa nova Declaração, grosso modo, repetia e ampliava alguns dos principais preceitos do Tratado de Versalhes, consubstanciando alguns outros. Consagrava ainda que todos os seres humanos, sem distinção de raça, crença ou sexo, têm direito a procurar seu bem-estar material e seu desenvolvimento espiritual em condições de liberdade, de segurança econômica e em igualdade de oportunidades. (PINTO, 2014, p. 36).

Sob tal prisma, elucida Ericson Crivelli (2010) que a Declaração de Filadélfia, também conhecida como Declaração Relativa aos Fins e Objetivos da OIT, teve por escopo reafirmar os objetivos ainda considerados válidos para o período que se abria e, ademais, redefinir aqueles considerados inadequados. O seu texto foi incluído como um anexo ao texto da Constituição, substituindo o art. 41 da redação de 1919.

Assim, conforme Crivelli (2010), o seu texto intercala normas que contêm direitos objetivos — como a liberdade sindical, o direito à não discriminação no emprego e ocupação — mas, por outro lado, normas de conteúdo programático, entre as quais aquelas que recomendam aos Estados-membros terem por meta alcançar o pleno emprego e aumentar o nível de vida — ou, ainda, enunciados normativos com natureza ética e moral.

Barzotto (2011) explana que a Declaração de Filadélfia, como instrumento de direitos trabalhistas, significa a modernização da linguagem da justiça social para a linguagem dos direitos humanos, emergente no término da Segunda Guerra. Os direitos humanos básicos a serem garantidos, naquela época, eram justamente a liberdade e a igualdade — essenciais para sustentar o progresso, com base nas políticas keynesianas. Pretendia-se, de tal forma, o pleno emprego com o aumento da produção e do consumo.

Nos seus primórdios, a OIT se inspirava no modelo americano de administração científica do trabalho, de acento taylorista e fordista, sustentando a necessidade de expansão do trabalho e das condições de bem-estar e do consumo para as massas. Assume-se o discurso da produção e da produtividade, tentando-se evitar o confronto entre as ideologias capitalistas e comunistas.

É preciso ressaltar a diferença entre a Declaração de Princípios e Direitos Fundamentais no Trabalho de 1988 e a Declaração de Filadélfia de 1944. Apesar de as duas Declarações não serem distintas quanto ao seu conteúdo.

Gomes clarifica:

> Enquanto a Declaração de Filadélfia introduziu elementos novos na expansão do papel da OIT (de condições de trabalho para políticas econômicas e sociais relacionadas ao mercado de trabalho), a Declaração de 1988 apesar de ligada ao novo conceito de trabalho decente, não traz um novo papel para a OIT, mas organiza suas atividades direcionando-as à proteção dos direitos fundamentais. Ademais a Declaração de Filadélfia foi aprovada no contexto do pós-guerra, mas foi durante o período de esplendor do Estado Social que a Declaração se fez observar; já a Declaração de 1988 foi aprovada no contexto da globalização econômica não tão favorável a políticas de proteção ao trabalho. (GOMES, 2014, p. 24).

1.3.3 A Declaração Universal dos Direitos Humanos de 1948

Baseada nas ideias da Revolução Francesa de 1789, a Declaração Universal dos Direitos Humanos foi aprovada pela Assembleia Geral da ONU — 48 nações — por meio da Resolução n. 127, em 10 de dezembro de 1948, sendo necessário destacar o papel atribuído a esta Declaração como importante instrumento de proteção dos direitos sociais trabalhistas na seara internacional.

Na mui precisa visão de Süssekind (2000), a Declaração Universal dos Direitos Humanos de 1948, cujo projeto foi redigido pelo notável jurista e humanista René Cassin, substituiu a da Revolução Francesa de 1789. Ela não constitui um tratado ratificado pelos Estados-membros da ONU. Entretanto, por consagrar princípios fundamentais da ordem jurídica internacional, que devem caracterizar a civilização contemporânea, é considerada fonte de máxima hierarquia no mundo do Direito. O autor assevera com exatidão haver direitos supraestatais, inerentes ao ser humano, que devem ser usufruídos independentemente de leis nacionais ou de tratados internacionais ratificados. Além do que a referida Declaração visou a explicitar tais direitos e a ressaltar o dever das nações de efetivá-los.

Como elucida Pinto (2014), de todos os instrumentos internacionais, o mais significativo da história do desenvolvimento do direito internacional do trabalho é a Declaração Universal dos Direitos Humanos de 1948. Conforme o autor:

> O seu texto retoma várias das disposições consagradoras da filosofia social que havia sido proclamada na Declaração de Filadélfia, passando a ser

acolhido como inspiração e orientação do processo de desenvolvimento humano e social de toda a comunidade internacional. (PINTO, 2014, p. 38).

Segundo Flávia Piovesan, a Declaração surgiu como um código de princípios e de valores universais a serem respeitados pelos Estados. Ela demarca a concepção inovadora de que os direitos humanos são direitos universais, cuja proteção não deve se reduzir ao domínio reservado do Estado, porque revela tema de legítimo interesse internacional. Prenuncia-se, por meio da referida Declaração, o fim da era em que a forma pela qual o Estado tratava seus nacionais era concebida como um problema de jurisdição doméstica decorrente de sua soberania.

Na visão de Comparato:

> A Declaração, retomando os ideais da Revolução Francesa, representou a manifestação histórica de que se formara, enfim, em âmbito universal, o reconhecimento dos valores supremos da igualdade, da liberdade e da fraternidade entre os homens, como ficou consignado em seu art. I. A cristalização desses ideais em direitos efetivos, como se disse com sabedoria na disposição introdutória da Declaração, far-se-á progressivamente, no plano nacional e internacional, como fruto de um esforço sistemático de educação em direitos humanos. (COMPARATO, 2003, p. 223).

De acordo com Flavia Piovesan, Alessandra Passos Gotti e Janaína Senne Martins:

> A Declaração rompe com as concepções anteriores decorrentes das modernas Declarações de Direitos, que apenas ressaltavam ora o discurso liberal da cidadania (como, por exemplo, a Declaração Francesa e a Declaração Americana do final do século XVIII), ora o discurso social (como, por exemplo, a Declaração do povo trabalhador e explorado da então República Soviética Russa do início do século XX). Até então, os valores liberdade e igualdade vinham divorciados. A Declaração de 1948 vem inovar, prevendo, de forma inédita, que não há liberdade sem igualdade e (sic) não há igualdade sem liberdade. (PIOVESAN; GOTTI; MARTINS, 2003, p. 92).

Ainda consoante as autoras:

> [...] esta concepção é fruto do movimento de internacionalização dos direitos humanos, que constitui um movimento extremamente recente na história, surgindo, a partir do pós-guerra, como resposta às atrocidades e aos horrores cometidos durante o nazismo [...]. (PIOVESAN; GOTTI; MARTINS, 2003, p. 92).

Husek (2015) defende com maestria que a Declaração Universal dos Direitos Humanos de 1948 constitui uma espécie de "código de natureza universal" pela sua amplitude, ou seja, pelo reconhecimento de direitos sem os quais o ser humano não pode completar-se, como o desenvolvimento pleno de suas condições físicas, suas faculdades intelectuais, sua espiritualidade; bem como pela universalidade, que é aplicável independentemente de sexo, religião, raça, nacionalidade e ideologia professada.

Assim, o autor lança luzes a iluminar aspecto de tamanha relevância:

> Faz parte esta Declaração da ordem pública internacional, e, portanto, nenhuma regra, nenhuma convenção internacional, bilateral ou multilateral, pode contrariá-la, porque se trata da dignidade inerente a todo ser humano, que deve ser respeitada em qualquer espaço geográfico da Terra sob qualquer espécie de governo. (HUSEK, 2015, p. 64).

E completa de forma categórica:

> A Declaração de 1948 proclama a condição da pessoa humana como requisito exclusivo para a titularidade de direitos universais e a indivisibilidade dos direitos reconhecidos (civis, políticos, econômicos, sociais e culturais), com o binômio liberdade e igualdade. (HUSEK, 2015, p. 64).

As atrocidades nazistas e os crimes cometidos contra a humanidade durante a Primeira Guerra Mundial (1914-1918) e a Segunda Guerra Mundial (1939-1945), como também a tragédia do lançamento da bomba atômica em Hiroshima e Nagasaki (06 e 09 de agosto de 1945, respectivamente), contribuíram, em 1948, para a construção do documento em defesa da dignidade humana e da sobrevivência da humanidade.

Explicita Ferreira (2007) que a Declaração Universal dos Direitos Humanos de 1948 inaugurou uma ordem internacional de respeito e de proteção à dignidade humana e a reconheceu, sobretudo, como fundamento dos direitos humanos, pois estatui que a condição de pessoa pressupõe-se como o requisito único e exclusivo para a titularidade de direitos, consagrando a universalidade dos mesmos. Há um reconhecimento de direitos inerentes a toda pessoa — anteriores a qualquer forma de organização política ou social.

Ferreira (2007) também aponta que a Declaração Universal de 1948 se constitui na interpretação autorizada da expressão "direitos humanos" constante da Carta das Nações Unidas de 1945. Ela complementa a eficácia deste instrumento jurídico internacional e demarca a concepção contemporânea dos Direitos Humanos. Por esta, tais direitos passam a ser concebidos como uma unidade interdependente, indivisível e universal, ao conjugarem o valor da liberdade com o da igualdade.

Um dos fundamentos da Declaração em tela consiste na melhoria dos padrões de proteção ao trabalhador, garantindo uma vida adequada pelo trabalho. A Declaração Universal dos Direitos Humanos representa uma recomendação que a Assembleia Geral das Nações Unidas faz aos seus membros por intermédio da Carta das Nações Unidas no art. 10. Por isso, tal Declaração não possui força vinculativa.

O primeiro considerando da Declaração Universal dos Direitos Humanos de 1948, previsto em seu preâmbulo e no art. 1º, consagra o reconhecimento da dignidade humana. Se não, *in verbis*:

> Considerando que o reconhecimento da dignidade inerente a todos os membros da família humana e de seus direitos iguais e inalienáveis é o fundamento da liberdade, da justiça e da paz do mundo;
>
> Art. I
>
> Todos os homens nascem livres e iguais em dignidade e direitos. São dotados de razão e de consciência e devem agora em relação uns aos outros com espírito de fraternidade.

A letra 1 do art. XXIII da Declaração Universal dos Direitos Humanos de 1948 consagra os direitos sociais dos trabalhadores, *in verbis*:

> Art. XXIII
>
> 1. Todo homem tem direito ao trabalho, à livre escolha de emprego, a condições justas e favoráveis de trabalho e à proteção contra o desemprego.
>
> 2. Todo homem, sem qualquer distinção, tem direito a igual remuneração por igual trabalho.
>
> 3. Todo homem que trabalha tem direito a uma remuneração justa e satisfatória, que lhe assegure, assim como à sua família, uma existência compatível com a dignidade humana, e a que se acrescentarão, se necessário, outros meios de proteção social.
>
> 4. Todo homem tem direito a organizar sindicatos e a neles ingressar para a proteção de seus interesses.

A Declaração Universal dos Direitos Humanos de 1948 também assegura, no art. XXIV, o direito ao repouso e aos lazeres, *in verbis*: "Toda pessoa tem direito ao repouso e aos lazeres, especialmente a uma limitação razoável da duração do trabalho, e às férias periódicas pagas".

Estatui, ainda, o art. XXV desta Declaração de 1948, *in verbis*:

> Art. XXV
>
> 1. Todo homem tem direito a um padrão de vida capaz de assegurar a si e a sua família saúde e bem-estar, inclusive alimentação, vestuário, habitação, cuidados médicos e os serviços sociais indispensáveis, e direito à segurança em caso de desemprego, doença, invalidez, viuvez, velhice ou outros casos de perda de meios de subsistência em circunstâncias fora de seu controle.
>
> 2. A maternidade e a infância têm direito a cuidados e a assistência especiais. Todas as crianças, nascidas dentro ou fora do matrimônio, gozarão da mesma proteção social.

Conforme Piovesan (2006, p. 45): "A declaração consolida a afirmação de uma ética universal, a consagrar um consenso sobre valores de cunho universal a serem seguidos pelos Estados". Relembrando que, como a Carta das Nações Unidas, a Declaração Universal é um documento de repúdio às atrocidades cometidas durante a Segunda Guerra Mundial, sofridas pelas nações vencidas, para reconhecer e para preservar os direitos humanos.

Também de acordo com a autora em foco, a Declaração Universal de 1948 traçou uma ordem pública mundial fundada no respeito à dignidade humana ao consagrar valores básicos universais. Desde o seu preâmbulo, é afirmada a dignidade inerente a toda pessoa humana — titular de direitos iguais e inalienáveis. Desse modo, para a Declaração Universal, a condição de pessoa é o requisito único e exclusivo à titularidade de direitos. A universalidade dos direitos humanos traduz a absoluta ruptura com o legado nazista, que condicionava a titularidade de direitos à pertinência à determinada raça. A dignidade humana, como fundamento dos direitos humanos e valor intrínseco à condição humana, é concepção, posteriormente, incorporada por todos os Tratados e por todas as Declarações de direitos humanos, que passaram a integrar o Direito Internacional dos Direitos Humanos.

Reforce-se, então, que a Declaração de 1948 é o mais importante e completo documento concebido em favor da humanidade, pelo qual se reconhece, solenemente, a dignidade da pessoa humana como base da liberdade, da justiça e da paz, além de outros ideais.

A esse respeito, asseveram Piovesan, Gotti e Martins:

> A Declaração Universal de 1948, ao introduzir a concepção contemporânea de direitos humanos, acolhe a dignidade humana como valor a iluminar o universo de direitos. A condição humana é requisito único e exclusivo, reitere-se, para a titularidade de direitos. Isto (sic) porque todo ser humano tem uma dignidade que lhe é inerente, sendo incondicionada, não dependendo de qualquer outro critério, senão ser humano. O valor da dignidade humana se projeta, assim, por todo o sistema internacional de proteção. (PIOVENSAN; GOTTI; MARTINS, 2003, p. 38).

Desde a Carta Magna de 1215 até a Carta das Nações Unidas, muitos documentos legislativos, declarações e resoluções versaram sobre direitos humanos. Todavia, nenhum deles foi tão adiante e tão amplo quanto a Declaração Universal dos Direitos Humanos de 1948.

Isso se comprova pelo fato de os 21 primeiros dispositivos discorrerem sobre direitos e sobre garantias individuais, impregnados das conotações de: igualdade, dignidade, não discriminação; direito à vida, à liberdade, à liberdade de pensamento e de crença, inclusive religiosa; liberdade de opinião, de reunião, de associação; direito a uma nacionalidade; proibição de escravidão e de prisões arbitrárias; proteção igual perante os tribunais; direito ao julgamento pelo juiz natural; presunção de inocência; garantia contra medidas arbitrárias; direito à segurança pessoal, à nacionalidade; liberdade de ir e vir; direito de asilo e de propriedade; condenação da escravidão, da servidão, da tortura, das penas ou dos tratamentos cruéis ou degradantes; reconhecimento da personalidade jurídica; respeito à intimidade pessoal; direito de constituição de família; direito de circular e de escolher a residência; direitos políticos de participação no governo, de votar e de ser votado, de acesso às funções públicas; garantia de eleições autênticas, periódicas, mediante sufrágio universal e igual e voto secreto ou procedimento equivalente. Os demais artigos estabelecem, principalmente, os direitos sociais do homem, como o direito ao trabalho, à saúde e à educação.

Comparato argumenta:

> Inegavelmente, a Declaração Universal de 1948 representa a culminância de um processo ético que, iniciado com a Declaração de Independência dos Estados Unidos e a Declaração dos Direitos do Homem e do Cidadão, da Revolução Francesa, levou ao reconhecimento da igualdade essencial de todo ser humano em sua dignidade de pessoa, isto é, como fonte de todos os valores, independentemente das diferenças de raça, cor, sexo, língua, religião, opinião, origem nacional ou social, riqueza, nascimento, ou qualquer outra condição, como se diz em seu art. II. E esse reconhecimento universal da igualdade humana só foi possível, quando, ao término da mais desumanizadora guerra de toda a história, percebeu-se que a ideia de superioridade de uma raça, de uma classe social, de uma cultura ou de uma religião sobre todas as demais põe em risco a própria sobrevivência da humanidade. (COMPARATO, 2003, p. 240).

A partir daí, os princípios da Declaração Universal dos Direitos Humanos de 1948 estão inseridos nas principais Constituições contemporâneas. Os seus 30 artigos fixaram um código universal dos Direitos Humanos ao constituírem uma súmula de direitos e de deveres fundamentais do homem sob os aspectos individual, social, cultural e político.

E, desta feita, a Declaração representa o cume do amadurecimento e da evolução dos Direitos Humanos, especialmente em direção aos direitos sociais dos trabalhadores — expressão contumaz do respeito máximo aos seres humanos que trabalham para viver dignamente.

Barzotto (2011, p. 50) defende que "os direitos reconhecidos como direitos fundamentais no trabalho pela OIT, em 1988, já estão contemplados na Declaração Universal de 1948".

O art. 4º da Declaração Universal dos Direitos Humanos assegura que ninguém será submetido à servidão, proibindo, a seguir, a escravidão. As Convenções ns. 29 e 105 da OIT versam sobre trabalho escravo.

A proibição de discriminação prevista no art. 7º da Declaração Universal dos Direitos Humanos reflete-se tanto na Convenção n. 100 — que versa sobre igualdade de remuneração para trabalho de igual valor — quanto na Convenção n. 111 — que obsta à discriminação em matéria de emprego e ocupação.

O art. 23, § 4º, da Declaração Universal dos Direitos Humanos menciona que toda pessoa pode fundar sindicatos ou sindicalizar-se para proteger seus interesses, faz-se presente nas Convenções ns. 87 e 98 da OIT.

Por fim, o art. 22 da Declaração Universal, ao assegurar à pessoa a satisfação dos direitos econômicos, sociais e culturais indispensáveis à sua dignidade e ao livre desenvolvimento de sua personalidade, ao ser lido em conjunto com o art. 25, que se refere a "nível de vida adequado", e com o art. 26, que se refere a "direito à educação", estabelecem correspondência direta com as normas da OIT que regem a proibição do trabalho infantil — Convenções ns. 138 e 182.

Piovesan aprofunda a reflexão:

> A Declaração de 1948 inova a gramática dos direitos humanos, ao introduzir a chamada concepção contemporânea dos direitos humanos, marcada pela universalidade e (sic) indivisibilidade destes direitos. Universalidade porque a condição de pessoa é o requisito único e exclusivo para a titularidade de direitos, sendo a dignidade humana o fundamento dos direitos humanos. Indivisibilidade porque, ineditamente, o catálogo dos direitos civis e políticos é conjugado ao catálogo dos direitos econômicos, sociais e culturais. Ao consagrar direitos civis e políticos e direitos econômicos, sociais e culturais, a Declaração (sic) ineditamente (sic) combina o discurso liberal e o discurso social da cidadania, conjugando o valor da liberdade ao valor da igualdade. (PIOVESAN, 2006, p. 38).

A Declaração Universal de 1948 inaugura, pois, uma ordem internacional de respeito e de proteção à dignidade humana e a reconhece, sobretudo, como fundamento dos Direitos Humanos. Para ela, a condição de pessoa é o requisito único para a titularidade de direitos.

Verifica-se, de tal sorte, ser no inciso XXVIII da Declaração de 1948 que se encontra o mais fundamental dos denominados direitos da humanidade — aquele cujo escopo é estabelecer uma ordem internacional que valoriza a dignidade da pessoa humana, conforme se lê: "Todo homem tem direito a uma ordem social e internacional, em que os direitos e liberdades estabelecidos na presente Declaração possam ser plenamente realizados". (GUERRA, 2014, p. 40).

A Declaração, portanto, demarca a concepção contemporânea dos Direitos Humanos, por meio da qual os mesmos passam a ser concebidos como unidade interdependente, indivisível e universal, que representam um verdadeiro ideal de preservação da dignidade da pessoa humana.

Em tal contexto, Piovesan enfatiza:

> Além da universalidade dos direitos humanos, a Declaração de 1948 ainda introduz a indivisibilidade desses direitos, ao (sic) ineditamente (sic) conjugar o catálogo dos direitos civis e políticos com o dos direitos econômicos, sociais e culturais. De fato, concebida como a interpretação autorizada dos arts. 1º (3) e 55 da Carta da ONU, no sentido de aclarar, definir e decifrar a expressão "direitos humanos e liberdades fundamentais", a Declaração de 1948 estabelece duas categorias de direitos: os direitos civis e políticos e os direitos econômicos, sociais e culturais. Combina, assim, o discurso liberal e o discurso social da cidadania, conjugando o valor da liberdade com o valor da igualdade. (PIOVESAN, 2013, p. 210).

Também em consonância com Piovesan (2013), a Declaração de 1948 introduziu extraordinária inovação ao conter uma linguagem de direitos até então inédita. Ao combinar o discurso liberal da cidadania com o discurso social, a Declaração passa a elencar tanto direitos civis e políticos (arts. 3º a 21) quanto direitos sociais, econômicos e culturais (arts. 22 a 28).

Desse modo,

> Duas são as inovações introduzidas pela Declaração: a) parificar, em igualdade de importância, os direitos civis e políticos e os direitos econômicos, sociais e culturais; e b) afirmar a interrelação, indivisibilidade e interdependência de tais direitos. (PIOVESAN, 2013, p. 214).

Vê-se, então, que os Direitos Humanos passam a ser tomados, após a Declaração Universal de 1948, além de universais, como unidade indivisível, interdependente e interrelacionada, em que uns devem ser conjugados com os outros para maior eficácia.

Logo, é por meio da Declaração de 1948 que o direito internacional — relativamente aos Direitos Humanos — começa a se desenvolver, mediante a adoção de inúmeros instrumentos mundiais de proteção, haja vista que:

> Seja por fixar a ideia de que os Direitos Humanos são universais, inerentes à condição de pessoa e não relativos às peculiaridades sociais e culturais de determinada sociedade, seja por incluir em seu elenco não só direitos civis e políticos, mas também direitos sociais, econômicos e culturais, a Declaração de 1948 demarca a concepção contemporânea dos Direitos Humanos. (PIOVESAN, 2006, p. 38).

Portanto, com a Declaração Universal dos Direitos Humanos de 1948, houve uma mudança no modo de pensar dos mais diversos Estados acerca dos Direitos Humanos. Ela supriu a necessidade da construção de um mecanismo internacional de proteção e de reconhecimento de tais direitos, a começar por um novo referencial ético imprescindível para orientar a nova ordem internacional, em resposta às atrocidades cometidas durante as duas grandes guerras mundiais.

De acordo com Guerra:

> A Declaração Universal dos Direitos Humanos de 1948 consolida a ideia de uma ética universal e, combinando o valor da liberdade com o valor da igualdade, enumerando tanto direitos civis e políticos (arts. 3º a 21) como direitos sociais, econômicos e culturais (arts. 22 a 28), proclama também a indivisibilidade dos direitos humanos. (GUERRA, 2014, p. 40).

Ainda para Guerra:

> A questão sobre a indivisibilidade e a universalidade dos direitos humanos torna-se tema global, e a dignidade da pessoa humana reflete-se como

fundamento de muitas Constituições a partir de então. Inaugura-se, portanto, o momento cuja essência dos direitos humanos, parafraseando Hannah Arendt, consiste no "direito a ter direitos". Os direitos humanos entram em definitivo na agenda internacional e, por consequência, surgem os sistemas internacionais de proteção. (GUERRA, 2014, p. 40).

Mais uma vez, concorde Piovesan (2013), sem a efetividade dos direitos econômicos, sociais e culturais, os direitos civis e políticos se reduzem a meras categorias formais; enquanto, sem a realização dos direitos civis e políticos, ou seja, sem a efetividade da liberdade — entendida em seu mais amplo sentido — os direitos econômicos, sociais e culturais carecem de verdadeira significação. Não há mais como se cogitar a liberdade divorciada da justiça social. Assim também se torna infrutífero pensar na justiça social divorciada da liberdade. De tal modo, todos os Direitos Humanos constituem um complexo integral, único e indivisível, no qual os diferentes direitos, necessariamente, estão interrelacionados e são interdependentes entre si.

No tocante à força jurídica e vinculante da Declaração Universal dos Direitos Humanos de 1948, seguem-se aqui os acertadíssimos entendimentos de Flávia Piovesan, Carlos Roberto Husek e Fábio Konder Comparato.

Conforme Piovesan (2013), a Declaração Universal de 1948, ainda que não assuma a forma de Tratado Internacional, apresenta força jurídica obrigatória e vinculante, pois constitui a interpretação autorizada da expressão "Direitos Humanos" constante dos arts. 1º (3) e 55 da Carta das Nações Unidas. Neste sentido, à luz da Carta, os Estados assumem o compromisso de assegurar o respeito universal e efetivo aos Direitos Humanos.

Ademais, a autora em destaque aponta que a natureza jurídica vinculante da Declaração Universal também é reforçada pelo fato de, na qualidade de um dos mais influentes instrumentos jurídicos e políticos do século XX, ter se transformado, ao longo dos mais de cinquenta anos de sua adoção, em direito costumeiro internacional e em princípio geral do direito internacional.

A referida autora prossegue:

> A Declaração se impõe como um Código de atuação e de conduta para os Estados integrantes da comunidade internacional. Seu principal significado é consagrar o reconhecimento universal dos Direitos Humanos pelos Estados, consolidando um parâmetro internacional para a proteção desses direitos. A Declaração ainda exerce impacto nas ordens jurídicas nacionais, na medida em que os direitos nela previstos têm sido incorporados por Constituições nacionais e, por vezes, servem como fonte para decisões judiciais nacionais. Internacionalmente, a Declaração tem estimulado a elaboração de instrumentos voltados à proteção dos Direitos Humanos e tem sido referência para a adoção de resoluções no âmbito das Nações Unidas. (PIOVESAN, 2013, p. 220).

Este também é o lumiar pensamento de Husek para o qual:

> Faz parte esta Declaração da ordem pública internacional, e, portanto, nenhuma regra, nenhuma convenção internacional, bilateral ou multilateral, pode contrariá-la, porque se trata da dignidade inerente a todo ser humano, que deve ser respeitada, em qualquer espaço geográfico da Terra, sob qualquer espécie de governo. (HUSEK, 2011, p. 60).

Sob tal aspecto, a Declaração Universal dos Direitos Humanos de 1948 "proclama a condição da pessoa humana como requisito exclusivo para a titularidade de direitos universais e a indivisibilidade dos direitos reconhecidos (civis, políticos, econômicos, sociais e culturais), com o binômio liberdade e igualdade". (HUSEK, 2011, p. 60).

No viés desta temática, cabe destacar ainda a visão de Comparato:

> Reconhece-se (sic) hoje, em toda parte, que a vigência dos direitos humanos independe de sua declaração em constituições, leis e tratados internacionais, exatamente porque se está diante de exigências de respeito à dignidade humana, exercidas contra todos os poderes estabelecidos, oficiais ou não [...]. (COMPARATO, 2015, p. 239).

Ainda, de acordo com este autor:

> Já se reconhece, aliás, de há muito, que a par dos tratados ou (sic) convenções, o direito internacional é também constituído pelos costumes e pelos princípios gerais de direito, como declara o Estatuto da Corte Internacional de Justiça (art. 38). Ora, os direitos definidos na Declaração de 1948 correspondem, integralmente, ao que os costumes e os princípios jurídicos internacionais reconhecem, hoje, como normas imperativas de direito internacional geral (*jus cogens*). A própria Corte Internacional de Justiça assim tem entendido. Ao julgar, em 24 de maio de 1980, o caso da retenção, como reféns, dos funcionários que trabalhavam na embaixada norte-americana em Teerã, a Corte declarou que "privar indevidamente seres humanos de sua liberdade e sujeitá-los a sofrer constrangimentos físicos é, em si mesmo, incompatível com os princípios da Carta das Nações Unidas e com os princípios fundamentais enunciados na Declaração Universal dos Direitos Humanos". (COMPARATO, 2015, p. 240).

A propósito, ressaltem-se os apontamentos de Piovesan (2013). O processo de juridicização da Declaração começou em 1949 e foi concluído apenas em 1966, com a elaboração de dois tratados internacionais distintos, correspondentes ao Pacto Internacional dos Direitos Civis e Políticos e ao Pacto Internacional dos Direitos Econômicos, Sociais e Culturais, que passaram a incorporar os direitos constantes da Declaração Universal de 1948. Ao transformar os dispositivos da Declaração em previsões juridicamente vinculantes e obrigatórias, os dois Pactos Internacionais constituem referência necessária para o exame do regime normativo de proteção internacional dos Direitos Humanos.

1.3.4 A Declaração da OIT sobre Princípios e Direitos Fundamentais no Trabalho de 1998

Cumpre ressaltar que 50 anos depois da Declaração de Filadélfia, a Conferência Geral da Organização Internacional do Trabalho adotou, durante a 86ª reunião, realizada em Genebra, em junho de 1988, a Declaração sobre os Princípios e Direitos Fundamentais no Trabalho e o seu seguimento. Por meio desta Declaração, os princípios fundamentais do trabalho passam a ser objeto de convenções internacionais, que foram reconhecidas como fundamentais.

A Declaração da OIT designou as oito Convenções Internacionais do Trabalho para tornarem efetivos os princípios e os direitos mínimos reconhecidos como fundamentais para o trabalhador. A comunidade internacional, nesta Declaração, reconhece e assume a obrigação de respeitar e de aplicar as referidas Convenções que versam sobre os Direitos Humanos do trabalhador.

Assim, por esta Declaração Internacional, todos os Estados-membros são submetidos ao respeito, à promoção e à realização dos princípios relativos aos direitos fundamentais dos trabalhadores. Ademais, ela confirma a necessidade de a OIT promover políticas sociais sólidas, estimular a formação profissional e promover políticas eficazes destinadas à criação de emprego e à participação justa do empregado nas riquezas para o pleno desenvolvimento das suas potencialidades humanas, ao expor os princípios fundamentais do trabalho suprarrelacionados.

Segundo Matteo Carbonelli:

> Esta Declaração, em verdade, depois de reafirmar que, em uma situação de crescente interdependência econômica, é uma necessidade urgente reafirmar esses direitos, estabelece que todos os Estados-membros da Organização, tendo aceitado os princípios e os direitos previstos na Constituição e na Declaração de Filadélfia, que foram, em seguida, expressos e desenvolvidos sob a forma de direitos e de obrigações específicos nas oito Convenções reconhecidas como fundamentais, têm, portanto, mesmo que não tenham ratificado essas Convenções, a obrigação de respeitar, promover e tornar realidade, de boa-fé e de acordo com a Constituição da OIT, os princípios relativos aos direitos fundamentais consagrados nas referidas Convenções, e mais estabelecidas em outras Convenções e Recomendações sobre os mesmos assuntos [...]. (CARBONELLI, 2015, p. 26).

A Declaração de 1998 proclama a obrigação de todos os membros de respeitar os princípios referentes aos direitos fundamentais, independentemente de terem ou não ratificado as Convenções Fundamentais, por se tratarem de princípios já enunciados na Constituição da OIT e na Declaração de Filadélfia, além de estabelecer a obrigação da OIT em assistir os países no cumprimento dos direitos fundamentais, *in verbis*:

> 3. Reconhece a obrigação da Organização de ajudar a (*sic*) seus Membros, em resposta às necessidades que tenham sido estabelecidas e expressadas, a alcançar esses objetivos (*sic*) fazendo pleno uso de seus recursos constitucionais, de funcionamento e orçamentários, incluída a mobilização de recursos e apoios externos, assim como estimulando a (*sic*) outras organizações internacionais com as quais a OIT tenha estabelecido relações, de conformidade com o art. 12 de sua Constituição, a apoiar esses esforços:
>
> a) oferecendo cooperação técnica e serviços de assessoramento destinados a promover a ratificação e (*sic*) aplicação das Convenções Fundamentais;
>
> b) assistindo aos (*sic*) Membros que ainda não estão em condições de ratificar todas ou algumas dessas Convenções em seus esforços por respeitar, promover e tornar realidade os princípios relativos aos direitos fundamentais que são objeto dessas Convenções; e
>
> c) ajudando aos (*sic*) Membros em seus esforços por criar um meio ambiente favorável de desenvolvimento econômico e social.

Estatuem, ainda, os itens 4 e 5 da Declaração de 1998, *in verbis*:

> 4. Decide que, para tornar plenamente efetiva a presente Declaração, implementar-se-á um seguimento promocional, que seja crível e eficaz, de acordo com as modalidades que se estabelecem no anexo que será considerado parte integrante da Declaração.
>
> 5. Sublinha que as normas do trabalho não deveriam utilizar-se com fins comerciais protecionistas e que nada na presente Declaração e no seu seguimento poderá invocar-se nem utilizar-se de outro modo com esses fins; ademais, não deveria de modo algum colocar-se em questão a vantagem comparativa de qualquer país sobre a base da presente Declaração e seu seguimento.

Gomes, ao analisar o item 3 da Declaração de 1998, defende:

> Enquanto seu objetivo imediato é a ratificação e o cumprimento das Convenções Fundamentais pelos Estados-membros, a OIT também possui o papel de assistir os Estados que ainda não estão prontos para ratificar as Convenções. Essa assistência deve se dar no sentido de promover os princípios da OIT e as mudanças que possibilitarão a futura ratificação ou maior respeito aos princípios protegidos pelas Convenções. (GOMES, 2014, p. 33).

Nesta ótica, leciona Gomes (2014) que, além de ser a primeira norma da OIT a se utilizar do conceito de direitos fundamentais, a Declaração de 1998 possui caráter promocional, em contraste com as Convenções Internacionais da OIT, tratados internacionais, as quais, quando ratificadas, geram obrigações internacionais aos Estados-membros.

Destaca também a autora:

> Ao utilizar o rótulo "direitos fundamentais", a OIT buscou fortalecer sua regulação no contexto da globalização econômica sem utilizar de fato nenhum

mecanismo de imposição de suas normas. O uso dos direitos fundamentais revela o contexto no qual se encontrava a OIT, no qual (sic) a própria legitimidade da regulação trabalhista era colocada em questão por sua falta de eficácia. Ao declarar serem certos direitos trabalhistas fundamentais, a organização tinha como objetivo proteger esses direitos do questionamento econômico e político, enquanto (sic) ao mesmo tempo (sic) tornava sua atuação legítima. (GOMES, 2014, p. 29).

Para Barzotto (2007, p. 44): "A OIT, ao fixar quatro princípios ou direitos fundamentais no trabalho, em 1988, elegeu quais seriam os direitos humanos básicos e proclamou-os como indicadores mínimos da dignidade dos trabalhadores".

A competência específica da OIT é promover, nos Estados-membros, o respeito aos princípios fundamentais do homem trabalhador e a sua aplicação. Cabendo retomá-los, neste ponto, a fim não só de rememorá-los, mas também de reafirmá-los dada a sua abrangência e a sua relevância: 1 — liberdade de sindicalização; 2 — real reconhecimento do direito de negociação coletiva; 3 — eliminação de todos os modos de trabalho forçado; 4 — erradicação do trabalho infantil; 5 — supressão de toda a discriminação no emprego e ocupação.

De acordo com Barzotto:

> Através desta Declaração, a OIT, como resultado de sua cooperação no plano internacional para promover a justiça social, via harmonização de padrões de trabalho decente no mundo, entrega à comunidade mundial um plano de ação de direitos humanos para a promoção dos trabalhadores. (BARZOTTO, 2007, p. 11).

Ainda consoante Barzotto:

> Quando a Declaração da OIT veda a utilização de trabalho escravo e trabalho infantil, tem-se, de um modo mais claro, a proteção à dignidade econômica do trabalhador, mas, ao afirmar a exigência da liberdade sindical, a Declaração adentra a esfera política, sendo os bens econômicos um efeito da organização dos trabalhadores. Por fim, ao prescrever a não-discriminação no trabalho, a OIT afirma a dignidade jurídica da pessoa, com o seu caráter intrinsicamente igualitário. (BARZOTTO, 2007, p. 21).

Assim, para Barzotto, podem-se conceituar os direitos humanos como:

> [...] aqueles que visam ao reconhecimento de direitos à pessoa enquanto pessoa, derivados da dignidade própria da condição humana. Direitos humanos dos trabalhadores, por consequência, são os fundados na dignidade da pessoa humana nas suas dimensões jurídica, política e econômica. (BARZOTTO, 2007, p. 21).

Destarte, "o significado desta nova terminologia baseia-se na consideração de que esses direitos fundamentais já estão inscritos na Constituição da OIT, que apenas atualiza a forma para promover sua aplicação universal". (BARZOTTO, 2007, p. 93).

E mais:

> Assim como a Declaração de Filadélfia reafirmou certos valores fundamentais, para a OIT, a Declaração Relativa aos Princípios e Direitos Fundamentais no Trabalho e seu seguimento reiteram a vinculação da atividade normativa ao tópico dos Direitos Humanos, explicitando uma relação já existente. (BARZOTTO, 2007, p. 94).

Também concorde Barzotto, cabe retomar:

> Entendem-se como direitos humanos dos trabalhadores aqueles que constam da Declaração da Organização Internacional do Trabalho relativa aos Princípios e Direitos Fundamentais no Trabalho, de 18 de junho de 1988, que estão agrupados em quatro temas: abolição do trabalho forçado, erradicação do trabalho infantil, liberdade sindical e não-discriminação. (BARZOTTO, 2007, p. 17).

A OIT, como foro privilegiado das discussões trabalhistas e como uma das instituições internacionais responsáveis pela internacionalização do sistema de proteção dos direitos humanos no plano internacional, definiu o atual papel das normas internacionais do trabalho, propondo, em 1998, a Declaração Relativa aos Princípios e Direitos Fundamentais no Trabalho, como uma plataforma social mínima de âmbito mundial. Assim, a OIT vincula expressamente a discussão das normas trabalhistas internacionais aos direitos humanos.

Enfatiza Barzotto com exatidão:

> A referida Declaração tem efeitos importantes nos Estados nacionais, quanto à problemática dos trabalhadores, visto que enfatiza a existência de padrões mínimos de trabalho decente, trabalho digno, no mundo. Ainda que outras declarações de direitos humanos anteriores contemplassem indiretamente a proteção ao trabalhador, a Declaração da OIT, de 1988, torna explícito este nexo dos direitos humanos e a dignidade do trabalhador. Dado seu caráter positivado, a Declaração não apresenta apenas exigências morais, mas reafirma direitos básicos que passam a fazer parte dos ordenamentos jurídicos nacionais. Isso pelo fato de que os Estados nacionais que participam da OIT se obrigam a respeitar e seguir os princípios da Constituição da OIT ampliados ou reformulados em termos de direitos humanos pela Declaração Relativa aos Princípios e Direitos Fundamentais no Trabalho. (BARZOTTO, 2007, p. 13).

Pela Declaração em análise, todos os Estados-membros são submetidos ao respeito, à promoção e à realização dos princípios relativos aos direitos fundamentais.

Conforme visto no excerto anterior transcrito, a obrigação também é válida para os Estados que não ratificaram as Convenções em questão, pois tais princípios e direitos fundamentais são enunciados na Constituição e na Declaração de Filadélfia, às quais aderem os Estados-membros da OIT.

Prescreve o item 1 da Declaração de 1998, *in verbis*:

> A Conferência Internacional do Trabalho
>
> 1. Lembra:
>
> a) que (*sic*) no momento de incorporar-se (*sic*) livremente à OIT, todos os Membros aceitaram os princípios e direitos enunciados em sua Constituição e na Declaração de Filadélfia, e se comprometeram a esforçar-se (*sic*) por (*sic*) alcançar os objetivos gerais da Organização na medida de suas possibilidades e atendendo a suas condições específicas;
>
> b) que esses princípios e direitos têm sido expressados (*sic*) e desenvolvidos sob a forma de direitos e (*sic*) obrigações específicos em Convenções que foram reconhecidas como fundamentais dentro e fora da Organização.

Nesta toada, Crivelli (2010, p. 69) ressalta que "o objetivo maior desta Declaração é impulsionar a ratificação das oito Convenções Fundamentais por todos os Estados-membros".

A ratificação das oito Convenções Fundamentais do trabalho é considerada como prioritária, e os Estados-membros estão, pela Constituição da OIT e pela Declaração de Filadélfia, comprometidos em aplicar os princípios nelas contidos e mandar relatórios de forma periódica.

Por conseguinte, lembra Thome (2014) que um dos passos para a garantia do trabalho decente é a garantia dos direitos humanos, que pode se dar mediante a ratificação das Convenções da OIT ou, no mínimo, de suas Convenções Fundamentais, assim consideradas.

Para Gurgel (2010, p. 120): "O respeito aos preceitos das Convenções da OIT, em especial as inseridas na Declaração sobre os Princípios e Direitos Fundamentais do Trabalho, compõe o arcabouço jurídico do que se entende por trabalho decente".

Sendo assim, as oito Convenções Internacionais que formam o ideal de princípios fundamentais do trabalho dispõem sobre temas que, devido ao *status* de *jus cogens* de suas normas, nenhum Estado-membro pode desconsiderar, sendo essenciais à dignidade da pessoa humana e ao progresso da humanidade. Ademais,

> Nenhuma das Convenções da OIT incluídas nos princípios e direitos fundamentais do trabalho são normas de aplicação progressiva. Todas gozam de plena eficácia jurídica desde sua entrada em vigor em qualquer ordenamento jurídico. (GURGEL, 2010, p. 120).

Neste enleio, asseguram Gomes e Vaz:

> No que diz respeito às normas internacionais, principalmente no caso das Convenções da OIT, que preceituam garantias, em determinados instru-

mentos, direitos e garantias fundamentais, há um ganho imensurável na proteção dos direitos humanos. Implementar os preceitos contidos nas Convenções é a mais visível concretização da dignidade da pessoa humana e de um trabalho decente, este como preceito maior da OIT. (GOMES; VAZ, 2015, p. 177).

Imperioso verificar que Barzotto (2007) classifica os direitos humanos dos trabalhadores sob três enfoques principais, quais sejam: 1º — como direitos subjetivos; 2º — como necessidades; 3º — como princípios. Cumpre destaca-los à luz dos direitos humanos dos trabalhadores em âmbito internacional.

Como direitos subjetivos, os direitos humanos dos trabalhadores se traduzem por normas específicas, normas de direitos fundamentais sociais, no interior dos Estados nacionais e pugnam pela sua efetividade e pela sua aplicabilidade. Direitos humanos dos trabalhadores na esteira da concepção de necessidades sublinham a urgência de fixação de padrões mínimos de trabalho digno no mundo e enfrentam os aspectos de desenvolvimento econômico das nações. Direitos humanos percebidos como princípios envolvem uma concepção de direitos que, sem perder o caráter obrigatório, permitem a sua aplicação gradual, de acordo com a realidade fática de cada ordem jurídica. Pela OIT, foram privilegiados, em determinados períodos históricos, aspectos da dignidade jurídica, econômica e política do trabalhador que se vinculam às concepções de direitos humanos como direitos subjetivos, como necessidades e princípios. A autora, contudo, afirma a importância de se definir que o modelo predominante de direitos humanos está subentendido na Declaração da OIT de 1988. (BARZOTTO, 2007, p. 13).

A Declaração da OIT sobre os Princípios e os Direitos Fundamentais no Trabalho, aprovada pela Conferência Internacional do Trabalho em 1988, confirma a necessidade de a OIT promover políticas sociais sólidas, estimular a formação profissional e promover políticas eficazes destinadas à criação de emprego e à participação justa do empregado nas riquezas para o pleno desenvolvimento das suas potencialidades humanas.

Cabe colacionar os objetivos contidos na Declaração da OIT sobre os princípios e direitos fundamentais no trabalho, *in verbis*:

[...]

Considerando que a criação da OIT procede da convicção de que a justiça social é essencial para garantir uma paz universal e permanente;

Considerando que o crescimento econômico é essencial, mas insuficiente, para assegurar a equidade, o progresso social e a erradicação da pobreza, o que confirma a necessidade de que a OIT promova políticas sociais sólidas, a justiça e instituições democráticas;

Considerando, portanto, que a OIT deve hoje, mais do que nunca, mobilizar o conjunto de seus meios de ação normativa, de cooperação técnica e de investigação em todos os âmbitos de sua competência, e em particular no âmbito do emprego, a formação profissional e as condições de trabalho, a fim de que no âmbito de uma estratégia global de desenvolvimento econômico e social, as políticas econômicas e sociais se reforcem mutuamente com vistas à criação de um desenvolvimento sustentável de ampla base;

Considerando que a OIT deveria prestar especial atenção aos problemas de pessoas com necessidades sociais especiais, em particular os desempregados e os trabalhadores migrantes, mobilizar e estimular os esforços nacionais, regionais e internacionais encaminhados à solução de seus problemas, e promover políticas eficazes destinadas à criação de emprego;

Considerando que, com o objetivo de manter o vínculo entre progresso social e crescimento econômico, a garantia dos princípios e direitos fundamentais no trabalho reveste uma importância e um significado especiais ao assegurar aos próprios interessados a possibilidade de reivindicar livremente e em igualdade de oportunidades uma participação justa nas riquezas a cuja criação têm contribuído, assim como a de desenvolver plenamente seu potencial humano;

Considerando que a OIT é a organização internacional com mandato constitucional e o órgão competente para estabelecer Normas Internacionais do Trabalho e ocupar-se das mesmas, e que goza de apoio e reconhecimento universais na promoção dos direitos fundamentais no trabalho como expressão de seus princípios constitucionais;

Considerando que numa situação de crescente interdependência econômica urge reafirmar a permanência dos princípios e direitos fundamentais inscritos na Constituição da Organização, assim como promover sua aplicação universal;

[...]

Além do exposto, Antônio Rodrigues de Freitas Júnior (2014) enfatiza que a Declaração de 1988 cuida de disposição declaratória de princípios, ou seja, de uma proclamação de princípios que se consideram, por quaisquer mecanismos, já vigentes e, portanto, aptos à exigibilidade desde sempre.

No mesmo viés, Ana Virgínia Moreira Gomes e Patrícia Tuma Martins Bertolin (2005) sublinham o fato de a Declaração estabelecer que todos os Estados-membros da OIT devem respeitar, promover e aplicar os direitos e os princípios ali contidos — havendo ou não ratificado as Convenções referenciadas — por se tratar de valores universais, capazes de proporcionar um padrão mínimo de proteção ao trabalho. A Declaração de Princípios de 1988 é importante instrumento a ser observado pelos Países-membros da OIT para garantir a dignidade do trabalhador.

Em idêntica perspectiva, Daniel Damásio Borges, citado por Ivan Ervolino e Sandor Ramiro Darn Zapata (2014), argumenta que esta Declaração foi importante por ter identificado um conjunto de direitos, em matéria de trabalho, que todos os membros da OIT devem respeitar, promover e realizar, independentemente da ratificação das Convenções da OIT, justificados pelos próprios compromissos adotados na Constituição da OIT e na Declaração de Filadélfia, por suas disposições estabelecerem as linhas diretivas da regulamentação internacional do trabalho.

Bertolin e Kamada (2014) também destacam que, para a efetivação de todos os princípios elencados na Declaração de 1988, a OIT estabeleceu a necessidade de monitoramento dos avanços alcançados em todo o mundo no tocante às temáticas. Neste sentido, a Organização tem elaborado, de quatro em quatro anos, um relatório global sobre tais temas.

De sua parte, Freitas Júnior (2014, p. 13) assegura que a Declaração de 1988, *"representou um divisor de águas na estratégia de regulação do trabalho adotada pela organização desde sua criação em 1919"*, por ter proclamado princípios constitutivos de direitos exigíveis *prima facie*, enunciando, expressamente, um elenco de direitos fundamentais, fazendo a Declaração de 1988 ser considerada pioneira, representando um nítido giro estratégico na maneira pela qual a OIT passaria a orientar sua estratégia regulatória.

É de suma importância frisar, concorde Barzotto (2011), que a evolução da concepção da liberdade, da igualdade e da solidariedade também afeta diretamente os direitos humanos dos trabalhadores. Isso acontece, porque tais direitos — consagrados na Declaração da OIT, Relativa aos Princípios e Direitos Fundamentais no Trabalho — contemplam todas as gerações de direitos humanos e representam conquistas históricas que devem ser mantidas. Por isso,

> Nem todos os direitos dos trabalhadores se identificam somente com a primeira, segunda ou terceira geração. Embora sendo uma classificação útil, no prisma histórico, os direitos não se enquadram em apenas uma ou outra geração. Por exemplo, o trabalho escravo atenta contra a liberdade, a igualdade e a solidariedade, afrontando todas as gerações de direito, apesar de que, num primeiro impulso, pensa-se em relacionar o trabalho escravo com os direitos de liberdade da primeira geração. (BARZOTTO, 2011, p. 34).

Após tal análise, conforme Barzotto, chega-se à conclusão:

> Os direitos humanos dos trabalhadores, como conjunto de direitos individuais e sociais, podem ser resumidos numa constante luta pela liberdade e (*sic*) igualdade, que se expressam nas gerações de direitos humanos. (BARZOTTO, 2011, p. 34).

Husek (2015), em valiosa apreciação sobre o tema, defende que, embora a OIT se preocupe basicamente com as relações de trabalho, porque tais relações impõem grande parte da essência dos relacionamentos sociais, a promoção dos Direitos Humanos, na sua expressão amplamente considerada, é a finalidade maior.

Dessa forma, a OIT ultrapassa as suas primitivas fronteiras e influencia todos os tipos de relação comercial, familiar, empresarial, tributária, penal, civil, administrativa e cobra dos Estados-membros a prática de atos administrativos condizentes com o estabelecimento de uma sociedade mais justa. O autor elucida que a transformação da sociedade moderna, a ascensão do ser humano e de suas organizações na estrutura social, competindo com o Estado e seus braços dentro dos territórios e com os organismos internacionais na sociedade global alimenta a tendência normatizadora da OIT.

O autor esclarece também brilhantemente que há, por exemplo, uma grande preocupação com as desigualdades, em todos os seus níveis, como revela a informação do Escritório da OIT no Brasil: "*Promoção dos Direitos Humanos de Pessoas LGBT no Mundo do Trabalho — construindo a igualdade de oportunidades no mundo do trabalho — combatendo a homo-lesbo-transfobia*". Este é um documento que aborda as questões trabalhistas ligadas aos direitos de lésbicas, gays, bissexuais e transgêneros

(LGBT) por meio de histórias de vida. Ele é fruto de uma construção conjunta entre organismos internacionais da ONU (PNUD, OIT e UNAIDS) e mais 30 representantes de empregadores, trabalhadores, governos, sindicatos e movimentos sociais ligados aos temas LGBT e HIV/AIDS. (HUSEK, 2015, p. 108).

Por conseguinte,

> A OIT estende seus braços a todas as relações e contribui para a mudança de paradigmas e mesmo para a promoção de atores internacionais à dignidade de sujeitos de Direito Internacional (o ser humano, as ONGs), ainda que não ostentem a mesma capacidade de atuação dos Estados. (HUSEK, 2015, p. 109).

Ressalte-se para além, em consonância com o escólio de Cássio de Mesquita Barros Júnior, citado por Gunther:

> A Constituição brasileira de 1988 mostra-se coincidente, em várias passagens, com os direitos fundamentais reafirmados no art. 2º da Declaração de Princípios e Direitos Fundamentais no Trabalho da OIT:
>
> a) a liberdade de associação, art. 5º, XVII;
>
> b) o reconhecimento das convenções e dos acordos coletivos de trabalho, art. 7º, XXVI;
>
> c) a eliminação de todas as formas de trabalho forçado ou obrigatório, art. 5º, XLVIII, c, quando proíbe a pena de trabalhos forçados;
>
> d) a efetiva abolição do trabalho infantil, art. 6º, ao proteger a infância;
>
> e) eliminação de qualquer forma de discriminação em matéria de emprego e de ocupação, art. 7º, XXXII. (BARROS JÚNIOR apud GUNTHER, 2015, p. 34).

De acordo com Ervolino e Zapata (2014), o propósito principal deste diploma é impulsionar a ratificação das oito Convenções Fundamentais elencadas pelo Conselho de Administração por todos os Estados-membros, o que significa estarem todos os princípios fundamentais, os quais compõem a base normativa da Declaração de 1988, contidos nas oito Convenções.

Como adverte Barzotto:

> A ideia de justiça social não pode ser empobrecida pela ênfase ao desenvolvimento econômico. Assim, forma-se um novo compromisso entre os atores a respeito do mínimo, que são os direitos básicos do trabalhador na realização de um trabalho decente. (BARZOTTO, 2007, p. 136).

Os princípios relativos aos direitos fundamentais no trabalho, que são objeto das principais Convenções da OIT — reconhecidas como fundamentais — cuja ratificação merece prioridade são os seguintes: a) Convenção n. 87, de 1948 — dispõe sobre a liberdade sindical e a proteção do direito de sindicalização; b) Convenção n. 98, de 1949 — dispõe sobre o direito de sindicalização e do reconhecimento efetivo do direito de negociação coletiva; c) Convenção n. 29, de 1930 — dispõe sobre a abolição do trabalho forçado ou obrigatório; d) Convenção n. 105, de 1957 — dispõe sobre a abolição do trabalho forçado; e) Convenção n. 138, de 1973 — dispõe sobre a idade mínima para admissão no emprego; f) Convenção n. 182, de 1999 — dispõe sobre a proibição das piores formas de trabalho infantil e a ação imediata para sua eliminação; g) Convenção n. 100, de 1951 — dispõe sobre o salário igual para trabalho de igual valor entre o homem e a mulher; h) Convenção n. 111, de 1958 — dispõe sobre a discriminação em matéria de emprego e de ocupação.

A OIT visa, pois, adotar uma política social de cooperação e de desenvolvimento social entre todos os sistemas jurídicos nacionais para a melhoria das condições de trabalho, mediante a adoção de normas protetivas sociais universais para os trabalhadores, por meio do reconhecimento internacional dos Direitos Humanos dos Trabalhadores. Conforme visto, tal reconhecimento se dá pela promoção do trabalho decente que, segundo a OIT, pode ser alcançada por meio da síntese de quatro estratégias básicas, quais sejam: 1ª — garantia dos princípios e dos direitos humanos no trabalho; 2ª — criação de melhores empregos e de oportunidades de melhores salários para mulheres e homens; 3ª — extensão da proteção social; 4ª — promoção do diálogo social.

1.3.5 As Convenções e Recomendações da OIT

Além da Constituição da OIT (1919), da Declaração de Filadélfia (1944), da Declaração Universal dos Direitos Humanos (1948) e da Declaração sobre Princípios e Direitos Fundamentais no Trabalho (1988), as fontes do Direito Internacional do Trabalho também compreendem as Convenções e as Recomendações da OIT, estas últimas oriundas da Conferência Internacional do Trabalho ocorrida em 1988.

As Convenções e as Recomendações da OIT constituem um dos meios de ação da OIT a serviço da justiça social. Assim, uma das funções da OIT é a criação de normas internacionais do trabalho elaboradas no seio da Conferência Internacional do Trabalho.

Conforme Husek (2015), as Convenções e as Recomendações da OIT formam o Código Internacional do Trabalho. Este é o nome dado ao corpo de Convenções e de Recomendações adotadas pela Conferência da OIT desde a sua criação em 1919. Ele constitui, então, uma apresentação sistemática das normas internacionais do trabalho sendo feito pela oficina internacional do trabalho.

Süssekind complementa:

> O conjunto de normas consubstanciadas nas Convenções e (sic) Recomendações constitui o que a OIT denomina Código Internacional do Trabalho, figurando as resoluções e outros documentos como seus anexos. (SÜSSEKIND, 2011, p. 180-181).

O autor supracitado, contudo, diz não se tratar de um Código na acepção técnica da palavra, visto que suas normas integram a legislação nacional de cada um dos Estados-membros da OIT na medida em que forem ratificadas as Convenções correspondentes e em que forem transformadas as respectivas Recomendações em lei. Até março de 2002, foram instituídas 184 Convenções e 192 Recomendações.

No mesmo sentido, tem-se o pensamento de Jorge Neto e Cavalcante (2015). Os autores também assinalam que não se trata de um código na acepção técnica do termo, pois a Convenção necessita ser ratificada pelo Congresso e a Recomendação, após aprovada pelo Estado, precisa ser objeto de um projeto de lei até a sua transformação em dispositivo legal, observado o processo legislativo.

Neste desiderato, lecionam Georgenor de Sousa Franco Filho e Valério de Oliveira Mazzuoli (2016), que as Convenções e as Recomendações são os dois instrumentos que compõem a produção normativa da OIT em matéria de padrões mínimos trabalhistas, frutos de debates entre os delegados dos Estados-membros. Segundo os autores, as Convenções são fonte formal, sendo tratados internacionais no seu sentido estrito, constituindo normas internacionais que requerem, no plano do Direito Interno dos Estados, todas as formalidades pertinentes para a entrada em vigor e aplicação. Por seu turno, as Recomendações se constituem em fontes materiais, servindo de inspiração para o legislador interno na criação de normas trabalhistas, não se integrando ao Direito Interno pela via da ratificação, não sendo, portanto, sequer aprovadas pelo Congresso Nacional, como são as Convenções Internacionais do Trabalho.

Pinto defende:

> Uma vez filiado à OIT e se tornando signatário da sua Constituição, o respectivo Estado contrai a obrigação formal de submeter-se às Convenções e (sic) Recomendações adotadas pela Conferência à autoridade competente *ex ratione materiae* para aprovar tratados, elaborar leis ou adotar medidas sobre o assunto no diploma internacional. (PINTO, 2014, p. 113).

Para Barzotto:

> Uma norma internacional do trabalho é texto jurídico preparado pela OIT para uso dos Estados-membros e da comunidade internacional, nos quais se definem padrões mínimos para o mundo do trabalho. As normas internacionais do trabalho são adotadas pela Conferência Internacional do Trabalho e, até a Segunda Guerra, o direito internacional do trabalho e as normas da OIT constituíam apoio e eco das legislações nacionais no campo do Direito do Trabalho clássico. (BARZOTTO, 2007, p. 76).

Depois de a Convenção ser aprovada pela Conferência Internacional do Trabalho, o governo do Estado-membro tem o dever de, após adotar a Convenção, submetê-la à autoridade competente, no prazo máximo de dezoito meses, ao órgão nacional competente (art. 19, § 5º, *b*, da Constituição da OIT), que, no Brasil, é o

Congresso Nacional (art. 49, I, da CF/88). Após o *referendum* do Congresso Nacional, caberá ao Chefe de Estado ratificá-la em ato formal dirigido ao Diretor-Geral da Repartição Internacional do Trabalho (art. 19, § 5º, *d*, da Constituição da OIT) e, em sequência, promulgar o tratado, por meio de decreto de promulgação, com a publicação no Diário Oficial.

Assim, a Convenção é aprovada por decreto legislativo, havendo a necessidade de que se torne pública, para efeito de divulgação de seu texto, por meio de Decreto do Presidente da República.

Em seguida à aprovação da Convenção Internacional do Trabalho pelo Congresso Nacional, é necessário formalizar a ratificação da Convenção na Repartição Internacional do Trabalho. Após este ato formal, o Presidente da República expede o decreto de promulgação em que ele irá tornar pública a presente Convenção Internacional do Trabalho. Em seguida, formalizado o depósito da Convenção junto à Repartição Internacional do Trabalho, o Presidente da República expedirá o decreto de promulgação, contendo os seguintes atos: a) o decreto legislativo emitido pelo Congresso Nacional; b) a data do registro da ratificação na Repartição Internacional do Trabalho; c) o início da vigência no território nacional; d) a reprodução do texto aprovado em idioma português, com a determinação de que seja executado e cumprido.

Atualmente, já consta no âmbito do Direito Internacional do Trabalho, a edição de 189 Convenções Internacionais do Trabalho e 203 Recomendações Internacionais do Trabalho. E, segundo listas publicadas pelo Escritório da OIT no Brasil, em seu sítio eletrônico, dentre as Convenções vigentes no seio da Conferência Internacional do Trabalho até o ano de 2016, foram ratificadas, pelo Brasil, 96 Convenções Internacionais do Trabalho e foram adotadas 21 Recomendações.

Enfatize-se que a Convenção Internacional do Trabalho terá o início da sua vigência, em relação a cada Estado-membro, decorridos 12 meses após a data do registro da sua ratificação. Faz-se necessário depositar as Convenções da OIT, depois de ratificadas, na Repartição Internacional do Trabalho e, 12 meses após o depósito da ratificação, a Convenção entra em vigência no Estado-membro.

Reza o art. 22 da Constituição da OIT que os Estados-membros comprometem-se a apresentar à Repartição Internacional do Trabalho um relatório anual sobre as medidas por eles tomadas para a execução das Convenções a que aderiram. Tais relatórios serão redigidos na forma indicada pelo Conselho de Administração e deverão conter as informações pedidas pelo mesmo.

Em assim sendo, primeiramente, há a ratificação interna pelo decreto legislativo e, em seguida, pelo decreto de promulgação, respeitando-se a seguinte sequência dos arts: 47, 49 (I), 84 (VIII), 102 (III, b) e 105 (III, a) da Constituição Federal de 1988.

A vigência internacional (vigência objetiva) da Convenção se inicia 12 meses após o registro de duas ratificações por Estados-membros. A vigência nacional (vigência subjetiva) da Convenção, por sua vez, tem início a partir do ato de ratificação pelo Estado-membro. Logo, a vigência nacional pressupõe a internacional.

Concorde Süssekind (2000, p. 47): "A vigência de um tratado no âmbito internacional constitui pressuposto essencial para que o instrumento ratificado possa ter eficácia jurídica em relação ao Estado que o ratificou".

Américo Plá Rodrigues, citado por Süssekind (2000), informa que a chamada vigência objetiva e a denominada vigência subjetiva apresentam uma interrelação pela qual esta depende daquela como resultado do compromisso assumido pelo país que manifestou o seu consentimento em obrigar-se.

Nesta esteira, Süssekind (2000) pontifica que a vigência de uma Convenção no âmbito internacional não se confunde com a eficácia jurídica resultante de sua ratificação por qualquer dos Estados-membros da OIT, embora tal eficácia esteja condicionada àquela vigência. Por isso, é necessário distinguir entre a vigência internacional e a vigência em relação ao Estado que aderiu à Convenção.

Conforme Rodrigues, citado por Süssekind (2000), deve-se fazer a distinção entre a vigência objetiva (ou seja, a vigência da Convenção em si mesma) e a vigência subjetiva (ou seja, a obrigatoriedade de uma Convenção para um determinado Estado). Então, a vigência subjetiva pressupõe a objetiva, isto é, nenhuma Convenção pode obrigar um Estado, se não entrou em vigor previamente. Enquanto isso não ocorrer, as obrigações que o Estado poderia contrair em virtude da ratificação ficam submetidas a uma condição suspensiva. Sob tal aspecto, a vigência da Convenção começa a vigorar somente quando o instrumento adotado pela Conferência é assinado pelo Diretor da Repartição Internacional do Trabalho.

Em se tratando de vigência internacional das Convenções Internacionais do Trabalho, elucidam Franco Filho e Mazzuoli:

> Vigência internacional é a existente, quando o tratado já se encontra com as condições exigidas para começar a vigorar para todos os Estados-partes, sendo certo que alguns tratados fixam um número mínimo de ratificações para a sua entrada em vigor. As Convenções da OIT começam a vigorar doze meses após o depósito, na Repartição (Bureau) Internacional do Trabalho, do segundo instrumento de ratificação, competindo ao Diretor-Geral dessa Repartição Comunicar tal data a todos os Estados-membros da Organização. (FRANCO FILHO; MAZZUOLI, 2016, p. 16).

A vigência nacional (subjetiva), decorrente da ratificação, é de 10 anos, prorrogando-se por novos decênios, se o respectivo Estado não a denunciar nos 12 meses subsequentes a cada período de 10 anos. O decênio se inicia após a vigência da ratificação efetuada pelo Estado-membro. Assim, ratificada a Convenção, esta possuirá eficácia jurídica no Estado-membro pelo prazo de 10 anos, prorrogando-se, automaticamente, se não for denunciada nos 12 meses subsequentes a cada período de 10 anos.

Em relação ao prazo de validade de cada Convenção Internacional do Trabalho, segue-se o escólio de Jorge Neto e Cavalcante (2012) para se visualizarem as regras de vigência das Convenções da OIT sucintamente:

(a) a Convenção terá a sua vigência interna após o decurso de 12 meses da data da sua ratificação, desde que já vigore no âmbito internacional; (b) cada ratificação tem prazo de 10 anos; (c) após o decurso do lapso de 10 anos, o Estado-membro poderá denunciar a ratificação, mediante comunicação oficial dirigida ao Diretor Geral da RIT, para o devido registro. Contudo, a denúncia surtirá efeito somente 12 meses após o seu registro; (d) com o decurso do lapso de 12 meses após o período de validade da ratificação, sem qualquer denúncia pelo Estado-membro, tem-se a renovação tácita da ratificação por um período de mais 10 anos. Nessa hipótese, a faculdade de denúncia renascerá após o decurso do segundo decênio de vigência da ratificação, aplicando-se a mesma regra aos decênios que se sucederem. (JORGE NETO; CAVALCANTE, 2012, p. 190).

Imperioso reiterar, neste ponto, o que prevê o art. 19, itens 5 e 6, da Constituição da OIT, *in verbis*:

5. Tratando-se de uma Convenção:

a) será dado a todos os Estados-membros conhecimento da Convenção para fins de ratificação;

b) cada um dos Estados-membros compromete-se a submeter, dentro do prazo de um ano, a partir do encerramento da sessão da Conferência (ou, quando, em razão de circunstâncias excepcionais, tal não for possível, logo que o seja, sem nunca exceder o prazo de 18 meses após o referido encerramento), a Convenção à autoridade ou (*sic*) autoridades em cuja competência entre a matéria, a fim de que estas a transformem em lei ou tomem medidas de outra natureza;

c) os Estados-membros darão conhecimento ao Diretor-Geral da Repartição Internacional do Trabalho das medidas tomadas, em virtude do presente artigo, para submeter a Convenção à autoridade ou (*sic*) autoridades competentes, comunicando-lhe, também, todas as informações sobre as mesmas autoridades e sobre as decisões que estas houverem tomado;

d) o Estado-membro que tiver obtido o consentimento da autoridade, ou autoridades competentes, comunicará ao Diretor-Geral a ratificação formal da Convenção e tomará as medidas necessárias para efetivar as disposições da dita Convenção; e) quando a autoridade competente não der seu assentimento a uma Convenção, nenhuma obrigação terá o Estado-membro a não ser a de informar o Diretor-Geral da Repartição Internacional do Trabalho — nas épocas (*sic*) que o Conselho de Administração julgar convenientes — sobre a sua legislação e prática observada relativamente ao assunto de que trata a Convenção. Deverá, também, precisar nestas informações (*sic*) até que ponto aplicou, ou pretende aplicar, dispositivos da Convenção, por intermédio de leis, por meios administrativos, por força de contratos coletivos, ou, ainda, por qualquer outro processo, expondo as dificuldades que impedem ou (*sic*) retardam a ratificação da Convenção.

6. Em se tratando de uma Recomendação:

a) será dado conhecimento da Recomendação a todos os Estados-membros, a fim de que estes a considerem, atendendo à sua efetivação por meio de lei nacional ou por outra qualquer forma;

b) cada um dos Estados-membros compromete-se a submeter, dentro do prazo de um ano a partir do encerramento da sessão da Conferência (ou, quando, em razão de circunstâncias excepcionais, tal não for possível, logo que o seja, sem nunca exceder o prazo de 18 meses após o referido encerramento), a Recomendação à autoridade ou (*sic*) autoridades em cuja competência entre a matéria, a fim de que estas a transformem em lei ou tomem medidas de outra natureza;

c) os Estados-membros darão conhecimento ao Diretor-Geral da Repartição Internacional do Trabalho das medidas tomadas, em virtude do presente artigo, para submeter a Recomendação à autoridade ou (*sic*) autoridades competentes, comunicando-lhe, também as decisões que estas houverem tomado;

d) além da obrigação de submeter a Recomendação à autoridade ou (*sic*) autoridades competentes, o Membro só terá a de informar o Diretor-Geral da Repartição Internacional do Trabalho — nas épocas (*sic*) que o Conselho de Administração julgar convenientes — sobre a sua legislação e prática observada relativamente ao assunto de que trata a Recomendação. Deverá também precisar nestas informações até que ponto aplicou ou pretende aplicar dispositivos da Recomendação, e indicar as modificações destes dispositivos que sejam ou (*sic*) venham a ser necessárias para adotá-los ou aplicá-los.

Vale frisar também que o item 8 do art. 19 da Constituição da OIT estatui que, havendo conflito entre as Convenções Internacionais do Trabalho e as normas internas, deve ser aplicada aquela norma que seja mais benéfica aos trabalhadores, de modo a não acarretar a violação ao princípio da vedação do retrocesso social ou da progressividade ou do avanço dos direitos sociais trabalhistas, não importando trata-se de normas internacionais ou internas, *in verbis*:

> 8. Em caso algum, a adoção, pela Conferência, de uma Convenção ou Recomendação, ou a ratificação, por um Estado-membro, de uma Convenção, deverão ser consideradas (*sic*) como (*sic*) afetando qualquer lei, sentença, costumes ou acordos que assegurem aos trabalhadores interessados condições mais favoráveis que as previstas pela Convenção ou (*sic*) Recomendação.

A Constituição da OIT não admite que a ratificação de uma Convenção venha a prejudicar as melhores condições de trabalho previstas pelo ordenamento jurídico-trabalhista brasileiro.

Para Franco Filho e Mazzuoli: "Se o quórum de recepção no direito brasileiro tiver sido o do § 3º, do art. 5º, da Constituição, ainda assim, sua aplicação, se menos benéfica, será afastada com base no art. 19 (8) da Constituição da OIT". (FRANCO FILHO; MAZZUOLI, 2016, p. 17).

Concorde Maurício Godinho Delgado (2016), sobre a reforma do Judiciário, promulgada em dezembro de 2004, ela passou a conferir *status* de Emenda Constitucional a Tratados e a Convenções internacionais sobre direitos humanos que tenham sido aprovados com rito e quórum similares aos de emenda — três quintos de cada Casa Congressual, em dois turnos (art. 5º, § 3º, c/c art. 60, § 2º, CF/88):

> A alteração interpretativa tem de ser integrada a um quadro de avanço hermenêutico e cultural, e não de retrocesso. Desse modo, havendo aparente conflito entre normas internacionais ratificadas e o Direito Interno, deve prevalecer a norma e a interpretação mais favoráveis à pessoa humana a quem se destina a tutela jurídica. A alteração interpretativa da Constituição

não pode ser feita para propiciar retrocessos sociais e culturais — mas para garantir avanços civilizatórios em benefício da pessoa humana. Nesta linha, há o princípio da vedação do retrocesso, inerente aos Direitos Humanos, em suas múltiplas dimensões. (DELGADO, 2016, p. 158).

O mesmo se aplica a Tratados e a Convenções internacionais sobre direitos trabalhistas, que têm natureza de direitos humanos. Em situação de aparente conflito entre preceitos internacionais ratificados (Convenções da OIT, por exemplo) e preceitos legais internos, prevalece o princípio da norma mais favorável ao trabalhador, quer no que tange ao critério de solução do conflito normativo, quer no que diz respeito ao resultado interpretativo alcançado.

Ainda, no tocante ao art. 19, item 8, da Constituição da OIT, Franco Filho e Mazzuoli destacam que a Constituição Federal de 1988...

> No art. 4º, II, diz que a República Federativa do Brasil rege-se, no cenário internacional, dentre outros, pelo princípio da prevalência dos direitos humanos, o que também confirma a ideia posta nos instrumentos de direitos humanos de que a prevalência, no caso concreto, é sempre da norma mais benéfica à pessoa protegida, devendo o juiz cotejar todas as fontes de proteção colocadas à sua disposição e aplicar a mais benéfica, com independência dos critérios clássicos (e herméticos) de solução de antinomias. Somente assim haverá uma decisão interna e internacionalmente justa, eis que de acordo com as regras e princípios do contemporâneo sistema internacional de proteção dos direitos humanos. (FRANCO FILHO; MAZZUOLI, 2016, p. 19).

De acordo com Pinto (2014), relativamente à diferença entre a Recomendação e a Convenção, tal distinção acontece no que tange aos efeitos jurídicos que cada uma vai gerar, haja vista a Recomendação ter a finalidade de completar as disposições de uma Convenção da OIT, antecedendo, muitas vezes, a elaboração da própria Convenção. Pode-se dizer, então, que a matéria discutida numa Recomendação não está madura o suficiente para ser adotada na forma de Convenção, precisando ser mais debatida. Sendo assim, a Recomendação é uma norma da OIT que não alcançou número suficiente de adesões para se transformar em uma Convenção, passando a ter validade apenas como mera fonte de Direito, ou, ainda, como uma sugestão ao Estado de modo a orientar o seu direito interno.

Relativamente às Recomendações, conforme o art. 19, item 1, a OIT determina que as proposições somente devem revestir a forma de uma Recomendação, se a questão tratada, ou um dos seus aspectos, não se preste, no momento, para a adoção de uma Convenção.

Segundo Barzotto:

> As Recomendações não estão sujeitas à ratificação, mas apenas sugerem diretrizes para orientar a ação, a legislação e a prática nacionais. Tanto as Convenções como as Recomendações devem ser adotadas pela Conferência. (BARZOTTO, 2007, p. 88).

Como reitera Pinto:

> A Recomendação não cria direitos e obrigações e, logo, não existe entrada em vigor, denúncia e, tampouco, revisão. O tema é incerto para a adoção pelos países. Deve haver apenas uma prestação de informação periódica para a OIT sobre o estado da legislação interna sobre o tema adotado na Recomendação. (PINTO, M. M., 2014, p. 89).

Ainda no escólio de Pinto:

> As Recomendações não podem ser ratificadas pelos Estados-membros da OIT, ao contrário do que ocorre com a Convenção, mas são submetidas à autoridade competente que legisla sobre a respectiva matéria em âmbito interno. Por conseguinte, a Recomendação é facultativa, servindo apenas como uma espécie de indicação. (PINTO, M. M., 2014, p. 90).

Conforme Süssekind (2000):

> A Recomendação não é suscetível de ratificação; mas, no campo da OIT, ela acarreta para os Estados-membros obrigações de natureza formal. E o controle exercido no tocante ao cumprimento dessas obrigações tem concorrido, em inúmeros casos, para que as regras consubstanciadas nas Recomendações se convertam em leis ou atos de natureza regulamentar integrantes do direito nacional dos Estados-membros. A Recomendação cumpre, assim, a função de fonte material de direito. (SÜSSEKIND, 2000, p. 168).

Também consoante Süssekind, a diferença entre a Convenção e a Recomendação é a seguinte:

> A Convenção ratificada constitui fonte formal de direito, gerando direitos subjetivos individuais, sobretudo, nos países onde vigora a teoria do monismo jurídico e desde que não se trate de diploma meramente promocional ou programático. Já as Recomendações e as Convenções não ratificadas constituem fonte material de direito, porquanto servem de inspiração e modelo para a atividade legislativa nacional, os atos administrativos de natureza regulamentar, os instrumentos da negociação coletiva e os laudos da arbitragem voluntária ou compulsória dos conflitos coletivos de interesse, neste último caso compreendidas as decisões dos tribunais do trabalho dotadas de poder normativo. Materialmente, a Convenção não se distingue da Recomendação, configura-se, entretanto, a distinção no tocante aos efeitos jurídicos que geram. Somente as Convenções, porém, são objeto de ratificação pelos Estados-membros, enquanto as Recomendações devem apenas ser submetidas à autoridade competente para legislar sobre a respectiva matéria, a qual poderá, a respeito, tomar a decisão que entender. (SÜSSEKIND, 2000, p. 181).

E mais:

> As Convenções constituem tratados multilaterais, abertos à ratificação dos Estados-membros, que, uma vez ratificadas, integram a respectiva legislação nacional. Já as Recomendações se destinam a sugerir normas que podem ser adotadas por qualquer das fontes diretas ou autônomas do Direito do Trabalho, embora visem, basicamente, ao legislador de cada um dos países vinculados à OIT. Em relação aos dois instrumentos há, contudo, uma obrigação comum: devem ser submetidos à autoridade nacional competente para aprovar a ratificação da Convenção ou para adotar as normas constantes da Recomendação. A obrigação, no entanto, é de natureza formal, porquanto essa autoridade é soberana na deliberação que julgar conveniente tomar, tendo em vista os interesses do país. (SÜSSEKIND, 2000, p. 182).

Segundo Gomes:

> As Convenções da OIT, mesmo quando não ratificadas, podem influenciar os legisladores nacionais, representando assim uma compreensão comum entre os Estados acerca do que é justo em matéria de trabalho. (GOMES, 2014, p. 22).

Aspecto sobre o qual estatui o Enunciado n. 3, elaborado na 1ª Jornada de Direito Material e Processual da Justiça do Trabalho, realizada em novembro de 2007 pelo Tribunal Superior do Trabalho (TST), veja-se:

> 3. FONTES DO DIREITO — NORMAS INTERNACIONAIS. I — FONTES DO DIREITO DO TRABALHO. DIREITO COMPARADO. CONVENÇÕES DA OIT NÃO RATIFICADAS PELO BRASIL. O Direito Comparado, segundo o art. 8º da Consolidação das Leis do Trabalho, é fonte subsidiária do Direito do Trabalho. Assim, as Convenções da Organização Internacional do Trabalho não ratificadas pelo Brasil podem ser aplicadas como fontes do Direito do Trabalho, caso não haja norma de direito interno pátrio regulando a matéria. II — FONTES DO DIREITO DO TRABALHO. DIREITO COMPARADO. CONVENÇÕES E RECOMENDAÇÕES DA OIT. O uso das normas internacionais, emanadas da Organização Internacional do Trabalho, constitui-se em importante ferramenta de efetivação do Direito Social e não se restringe à aplicação direta das Convenções ratificadas pelo país. As demais normas da OIT, como as Convenções não ratificadas e as Recomendações, assim como os relatórios dos seus peritos, devem servir como fonte de interpretação da lei nacional e como referência a reforçar decisões judiciais baseadas na legislação doméstica.

Constata-se, assim, pela disposição contida no Enunciado n. 3, da 1ª Jornada de Direito Material e Processual da Justiça do Trabalho pelo TST que a Recomendação e a Convenção da OIT não ratificadas podem ter, no máximo, *status* de Direito Comparado, que somente será fonte interna, se houver real omissão ou lacuna no Direito Brasileiro. A Convenção n. 87 da OIT, contudo, não pode ser fonte subsidiária, pois existe regra constitucional expressa, em direção à unicidade sindical. Logo, não ostenta, no caso do Direito brasileiro, natureza de fonte subsidiária tal norma convencional da OIT.

As Convenções são instrumentos que criam obrigações jurídicas ao serem ratificadas; ao passo que as Recomendações não estão abertas à ratificação, apenas sinalizando pautas para orientar a ação nacional e para a legislação e as práticas nacionais.

Na elucidativa visão de Süssekind (2000), as Recomendações não acarretam qualquer obrigação, mesmo que de índole formal para os Estados-membros, destinando-se a convidar organismos internacionais ou governos nacionais a adotarem medidas nelas preconizadas. Segundo o autor, as mesmas visam a apoiar ou a combater determinada orientação suscetível de exercer influência na solução dos problemas sociais e a propor ao Conselho de Administração que inclua certa questão na ordem do dia da Conferência, que determine à Repartição Internacional do Trabalho a realização de estudos ou de investigações sobre assuntos relacionados com a competência da OIT.

De acordo com Jorge Neto e Cavalcante:

> As Convenções têm como escopo a uniformização do tratamento internacional da matéria discutida e aprovada em uma Conferência Internacional do Trabalho. Após a ratificação pelo Estado-membro, constitui-se em fonte formal de direito, passando a integrar o ordenamento jurídico brasileiro. (JORGE NETO; CAVALCANTE, 2015, p. 145).

Dessa maneira, as Convenções atuam como critérios de universalização das normas da justiça social — um dos princípios que norteia a essência da OIT. Quando a matéria não tiver a relevância para o primado da justiça social, deve ser adotada a Recomendação (art. 19, item 1, da Constituição da OIT).

Ainda no tocante às Convenções Internacionais do Trabalho, Jorge Neto e Cavalcante defendem:

> Pelas Convenções Internacionais, tratados universais abertos, o Direito Internacional do Trabalho tem como objetivos: (a) a universalização das regras de proteção; (b) a procura do bem-estar social e geral de todos os trabalhadores; (c) evitar (*sic*) que motivos de ordem econômica impeçam a aplicação das normas tutelares previstas nos tratados internacionais. (JORGE NETO; CAVALCANTE, 2015, p. 175).

Na lição de Husek (2015), as Convenções são tratados internacionais; enquanto as Recomendações não são tratados. Diante de uma Recomendação, o Estado-membro da OIT não se vê obrigado, embora busque implantá-la no seu território, porque será cobrado pela Organização. Diante de uma Convenção que ele aprovou, o Estado responsabiliza-se, internacionalmente, pelo seu cumprimento. A Recomendação é aquele corpo de normas negociado entre os Estados que não obteve a votação necessária para tornar-se uma Convenção (2/3 dos Estados presentes na assembleia em que se discute a aprovação de um texto convencional).

Neste sentido, "as recomendações não representam obrigações para o Estado, ao contrário das Convenções, que são tratados, pelos quais os Estados juridicamente se obrigam". (HUSEK, 2015, p. 130).

Manuel Montt Balmaceda, citado por Gunther (2011), reitera que entre as Convenções e as Recomendações podem ser encontradas analogias e diferenças. O autor aponta as principais:

> a) tanto as Convenções como as Recomendações constituem fonte de direito internacional do trabalho, enquanto ambos os instrumentos representam normas adotadas pela Conferência Internacional do Trabalho destinadas a ser incorporadas à institucionalidade dos Estados-membros (Convenções), ou simplesmente a orientar dita institucionalidade (Recomendações); b) ambas geram certas obrigações similares para os Estados, tais como: b1) submeter o instrumento à autoridade ou autoridades a quem compete o assunto, para o efeito de que deem forma de lei ou adotem outras medidas; b2) dever de informar ao Diretor-Geral da Repartição Internacional do Trabalho sobre as medidas adotadas para submeter o instrumento às autoridades competentes, comunicando-lhes, ao mesmo tempo, os dados relativos à autoridade ou autoridades competentes e as medidas por ela adotadas; b3) informar ao Diretor-Geral da Repartição Internacional do Trabalho sobre o estado da legislação interna e a prática no que diz respeito aos assuntos tratados no instrumento, precisando em que medida se põe ou se propõe a pôr em execução as disposições do mesmo. (BALMACEDA *apud* GUNTHER, 2011, p. 52).

Também para Manuel Montt Balmaceda, citado por Gunther:

> a) a Convenção constitui uma forma de tratado internacional, a Recomendação não; b) a Convenção pode ser, por conseguinte, objeto de ratificação pelo correspondente Estado-membro, o que, logicamente, não pode ocorrer com uma Recomendação; c) ratificada uma Convenção, o Estado-membro "adotará medidas necessárias para tornar efetivas suas disposições". Sendo improcedente a ratificação de Recomendações, não regula, pois, a seu respeito, dita obrigação por parte dos Estados-membros; d) enquanto (*sic*) no caso das Convenções (*sic*) podem apresentar-se diversos problemas de interpretação, entrada em vigor, denúncia, revisão e efeitos no caso de retirada de um Estado da OIT, todos derivados da ratificação do instrumento, nenhuma dessas situações tem lugar no caso das Recomendações. (BALMACEDA *apud* GUNTHER, 2011, p. 52).

As funções primordiais da Recomendação "são o seu caráter complementário, interpretativo e integrativo em relação às Convenções". (BARZOTTO, 2007, p. 89).

Nesta perspectiva, Husek acentua com destacada precisão:

> A OIT de alguma forma controla, fiscaliza e incentiva a aplicação das Recomendações, embora não haja obrigatoriedade de o Estado adotá-las. Mesmo que o Estado não tenha adotado alguma, várias ou todas as Recomendações, deverá informar à OIT, especificamente à Repartição Internacional do Trabalho, periodicamente, sobre o estado de sua legislação e da posição das referidas Recomendações em relação a ela. (HUSEK, 2015, p. 137).

Assim sendo:

> As Recomendações acarretam para o Estado-membro da organização duas obrigações formais: uma, a de submeter o texto das mesmas à autoridade interna e se possível implementá-las; outra, a de informar. A Comissão de Peritos examinará as atitudes tomadas pelos Governos (submissão das recomendações, relatórios solicitados etc.). (HUSEK, 2015, p. 137).

É importante ressaltar que, normalmente, a Conferência se utiliza das Recomendações, tomando-as para disciplinar temas ainda não aceitos completamente, além de regras mais avançadas para os Estados, como promoção para universalizá-las, assim também para a regulamentação e para a aplicação dos princípios inseridos em muitas das Convenções. (HUSEK, 2015, p. 138).

2. OS DIREITOS SOCIAIS DOS TRABALHADORES NAS CARTAS CONSTITUCIONAIS BRASILEIRAS

Será objeto de estudo, no presente Capítulo, a previsão legal dos direitos sociais dos trabalhadores nas Constituições Brasileiras, sendo aqui apresentadas as suas respectivas previsões constitucionais relativas a tais direitos, sendo a Carta Magna de 1934 a primeira a ter normas específicas de direitos trabalhistas por influência do constitucionalismo social.

A Constituição de 1934 "já" elevou os direitos sociais dos trabalhadores ao patamar ou ao *status* constitucional.

Contudo, somente após a Carta de 1988, os direitos sociais dos trabalhadores ganharam a dimensão de direitos humanos fundamentais. A Constituição Federal de 1988 constitui um marco na história jurídico-social e política dos direitos fundamentais dos trabalhadores, ao eleger a dignidade da pessoa humana como eixo central do Estado Democrático de Direito e dos Direitos Humanos Fundamentais dos trabalhadores.

O princípio da dignidade da pessoa humana, expressamente enunciado pelo art. 1º, inciso III, da Constituição de 1988, além de constituir o valor unificador de todos os direitos fundamentais — por estes representarem uma concretização daquele — também cumpre a função legitimadora do reconhecimento de direitos fundamentais implícitos, decorrentes de ou previstos em tratados internacionais, revelando, de tal sorte, sua íntima relação com o art. 5º, § 2º, da CF/88.

Para tanto, foi preciso destacar o papel atribuído a cada uma das Cartas Constitucionais Brasileiras no tocante à contribuição para se instaurar o processo de constitucionalização dos direitos sociais dos trabalhadores no Brasil, haja vista ter havido um longo e moroso percurso perpassado por sete Cartas Magnas para, "finalmente", chegar-se a um "porto seguro" das garantias constitucionais aos direitos dos trabalhadores.

Eis o que será objeto de estudo nas páginas que se seguem.

2.1 A CONSTITUIÇÃO DE 1824

Em se tratando de constitucionalização dos direitos sociais dos trabalhadores, convém destacar que a primeira Constituição Brasileira — outorgada por D. Pedro I — em 1824, foi inspirada nos princípios da Revolução Francesa. Ela aboliu as corporações de ofício e assegurou a ampla liberdade para o trabalho (art. 179, incisos 25 e 29).

A Constituição Política do Império do Brasil, elaborada por um Conselho de Estado, tinha 179 artigos. Ela compreende o primeiro Código Político Máximo e a mais duradoura de todas as Constituições, seguindo o modelo europeu de liberalismo. Não contemplava regras protetoras aos direitos trabalhistas, tendo em vista que, à época, predominava a escravidão e que, recém-independente, o Brasil ainda estava sob a influência das Ordenações Portuguesas.

Sérgio Pinto Martins (2012, p. 10) destaca que "a Constituição de 1824 tratou de abolir as corporações de ofício (art. 179, XXV), pois deveria haver liberdade do exercício de ofícios e profissões".

Kátia Magalhães Arruda (1998) enfatiza que o período correspondente à primeira Constituição Brasileira deve ser analisado em relação ao seu momento histórico, no qual predominava a escravidão, não havendo de se falar em direitos de trabalhadores livres.

De acordo com Franco Filho:

> O último artigo da Carta Imperial cuidava, dentre outros aspectos, da inviolabilidade dos direitos civis e políticos (art. 179, *caput*), garantia qualquer gênero de trabalho, cultura, indústria ou comércio, desde que não ofendesse costumes públicos, segurança e saúde dos cidadãos (inciso XXIV) e abolia, certamente a nota mais relevante, as Corporações de Ofícios, seus Juízes, Escrivães e Mestres (inciso XXV), medida que na Europa (*sic*) ocorrera com a Lei *Le Chapelier* em 1791. (FRANCO FILHO, 2015, p. 49).

José Felipe Ledur pontifica exponencialmente:

> Os direitos sociais aparecem embrionariamente na Constituição outorgada de 25-3-1824, no Título relativo às "Garantias dos Direitos Civis e Políticos". O art. 179, alínea 24, dispunha que "nenhum gênero de trabalho, de cultura, indústria ou comércio pode ser proibido, uma vez que não se oponha aos costumes públicos, à segurança e à saúde dos cidadãos". A dimensão negativa, de defesa frente à intervenção estatal, do direito ao trabalho ali reconhecido naturalmente, se relaciona à concepção de Estado Liberal então prevalecente em países europeus e importada pelo Brasil. De qualquer modo, vale fixar que a conexão entre trabalho, segurança e saúde, como também a instrução primária e gratuita a todos os cidadãos, estabelecida na alínea 32 do mesmo art. 179, obtiveram reconhecimento jurídico há quase duzentos anos. (LEDUR, 2009, p. 73).

Martins (2012) lembra, historicamente, a determinação pela Lei do Ventre Livre de que, a partir de 28 de setembro de 1871, os filhos de escravos nasceriam livres. O menino ficaria sob a tutela do senhor ou de sua mãe até o oitavo aniversário, quando o senhor poderia optar entre receber uma indenização do governo ou usar o trabalho do menino até os 21 anos completos. Em 28 de setembro de 1885, foi aprovada a Lei Saraiva-Cotegipe — conhecida como Lei dos Sexagenários — que libertou os escravos com mais de 60 anos. Contudo, mesmo depois de livre, o escravo deveria prestar mais três anos de serviços gratuitos ao seu senhor.

Em 13 de maio de 1888, foi assinada a Lei Áurea pela Princesa Isabel que aboliu a escravidão no Brasil.

2.2 A CONSTITUIÇÃO DE 1891

Quanto à Constituição de 1891, apesar de não ter realizado grandes inovações, pode-se dizer que ela foi o embrião do direito à sindicalização ao reconhecer a liberdade de associação, pois o país vinha da abolição da escravatura em 1888 sem que se tivesse uma noção exata das alterações a serem provocadas pelo trabalho livre. Todavia, sob a vigência desta Constituição, surgiu o Direito do Trabalho no nível constitucional. Em 1926, durante a reforma constitucional, foi estabelecida, no art. 34, a competência privativa do Congresso Nacional para legislar sobre o trabalho. Verifica-se, então, que a Constituição de 1891 reconheceu a liberdade de associação, que possuía apenas caráter genérico na época.

Segundo Franco Filho (2015), a Constituição de 1891 foi profundamente individualista, nos moldes da Constituição Americana que a influenciou, limitando-se somente a permitir a livre associação (art. 72, § 8º) e a garantir o livre exercício de qualquer profissão moral, intelectual e industrial (§ 24).

Vólia Bomfim Cassar (2014) destaca que a Constituição de 1891 limitou-se a garantir o livre exercício de qualquer profissão (art. 72, § 24) e a liberdade de associação (art. 72, § 8º), o que serviu de base para o Superior Tribunal Federal (STF) considerar lícita a organização de sindicatos.

Martins (2012), ao analisar esse período histórico, aponta as transformações que vinham acontecendo na Europa decorrentes da Primeira Guerra Mundial e a criação da Organização Internacional do Trabalho (OIT), em 1919, como incentivo à formulação de normas trabalhistas no Brasil. De acordo com o autor, existiam muitos imigrantes que deram início a movimentos operários para reivindicar melhores condições de trabalho e de salários. Daí começa a surgir uma política trabalhista idealizada por Getúlio Vargas, em 1930.

Constata o autor:

> Havia leis ordinárias que tratavam de trabalho de menores (1891), da organização de sindicatos rurais (1903) e urbanos (1907), de férias etc. O Ministério do Trabalho, Indústria e Comércio foi criado em 1930, passando a expedir decretos, a partir dessa época, sobre profissões, trabalho das mulheres (1932), salário-mínimo (sic) (1936), Justiça do Trabalho (1939) etc. Getúlio

Vargas editou a legislação trabalhista em tese para organizar o mercado de trabalho em decorrência da expansão da indústria. Realmente, seu objetivo era controlar os movimentos trabalhistas do momento. (MARTINS, 2012, p. 11).

Ledur assevera elucidativo:

> A essa época, o país já abolira o regime escravo. Mas os senhores rurais valeram-se de fórmulas como o *truck system* para reter em suas fazendas os trabalhadores recém-egressos da escravidão, comprometendo-lhes sua liberdade real. A partir de 1917, as greves e os movimentos dos trabalhadores, voltados à melhoria de sua condição social, formaram um componente político a mais a perturbar a estabilidade liberal. A presença regulamentadora do poder público passou a ser exigida, apesar da resistência dos defensores da liberdade contratual no domínio das relações de trabalho. A ebulição social no primeiro pós-guerra europeu deu origem à OIT, em 1919, evidenciando a importância que os direitos sociais adquiriam no plano internacional. Esses fatos também influíram no Brasil, estendendo para cá a chamada "questão social", que acabou por exigir a revisão do liberalismo em sua versão brasileira. (LEDUR, 2009, p. 74).

Ledur (2009) também afirma com extrema propriedade que, já na primeira parte do século XX, a legislação social começou a empreender seus passos no Brasil, para o que concorreram a industrialização e a urbanização. A Lei n. 3.724, de 1919, é uma das primeiras regras de proteção aos trabalhadores frente a acidentes do trabalho. Leis esparsas passaram a regrar direitos previdenciários de caráter público para categorias de trabalhadores específicos, como a Lei Eloy Chaves, que criou as Caixas de Aposentadoria e Pensões para os ferroviários, depois estendidas a outras categorias profissionais. Além disso, direitos do trabalho de categorias profissionais específicas foram surgindo, alcançando sistematização final na Consolidação das Leis Trabalhistas (CLT) em 1943.

Por fim, destaque-se que as duas primeiras Constituições Brasileiras sofreram forte influência do liberalismo.

2.3 A CONSTITUIÇÃO DE 1934

Em relação à Constituição de 1934, elevaram-se os direitos trabalhistas a *status* constitucional, estabelecendo-se, nos arts. 120 e 121, os seguintes direitos: salário mínimo, jornada de oito horas, repouso semanal (que não era remunerado), pluralidade sindical, indenização por despedida imotivada e criação da Justiça do Trabalho (que ainda não integrava o Poder Judiciário).

Para Silva (1999, p. 288), "no Brasil, a primeira Constituição a inscrever um capítulo sobre a ordem econômica e social foi a de 1934, sob a influência da constituição alemã de Weimar, o que continuou nas Constituições posteriores". Cabe salientar que a Carta de 1934 foi elaborada sob forte influência social-democrata (Constituição de Weimar) e liberal-individualista (Constituição Americana).

Neste aspecto, Pedro Calmon, citado por Segadas Vianna, defende que a Constituição de 1934 não seria mais liberal-democrática; porém, social-democrática.

> Instituiu Justiça do Trabalho, salário mínimo, limitação de lucros, nacionalização de empresas, direta intervenção do Estado para normalizar, utilizar ou orientar as forças produtoras, organização sindical. Ao direito de propriedade impôs um limite: o interesse social ou coletivo, na forma que a lei determinar. (CALMON, 1998, *apud* VIANNA, 2000, p. 74).

Concorde Vianna (2000, p. 75), com a Constituição de 1934, desaparecia, portanto, "no Brasil, a democracia igualitária, individualista, não intervencionista, que permitia ao livre capitalismo a exploração do trabalho em benefício exclusivo de alguns sob os olhares complacentes de um Estado proibido de intervir".

Ainda de acordo com Vianna:

> A Constituição de 1934 assegurava autonomia sindical, dava a todos o direito de prover à própria subsistência e à de sua família mediante trabalho honesto; determinava que a lei promovesse o amparo à produção e estabelecesse as condições do trabalho tendo em vista a proteção social do trabalhador e os interesses econômicos do País; estatuía a proibição de diferença de salário para o mesmo trabalho por motivo de idade, sexo, nacionalidade ou estado civil; determinava a fixação de salário mínimo; proibia o trabalho de menores de 14 anos, o trabalho noturno dos menores de 16 e nas indústrias insalubres às mulheres e aos menores de 18 anos; assegurava a indenização ao trabalhador injustamente dispensado, a assistência médica e sanitária ao trabalhador e à gestante, e também para esta, o descanso antes e depois do parto sem prejuízo do salário. (VIANNA, 2000, p. 75).

No tocante à Constituição de 1934, consoante Franco Filho:

> A Assembleia Constituinte convocada durante a ditadura Vargas elaborou a Constituição promulgada a 16.07.1934, de conotação social-democrática, e, no art. 113, garantia a inviolabilidade de direitos, inclusive aquele concernente à subsistência, como o n. 34, afirmando que a todos cabe o direito de prover à própria subsistência e à de sua família, mediante trabalho honesto, amparando o Poder público as pessoas indigentes. (FRANCO FILHO, 2015, p. 49).

Paulo Thadeu Gomes da Silva esclarece:

> O constitucionalismo social, no Brasil, teve início com a Constituição de 1934, esta trouxe em seu texto, além dos clássicos direitos individuais, uma

ordem social protetora dos direitos trabalhistas. Essa mudança de enfoque ocorre pela urbanização do país como um todo e pela mudança da estrutura social do poder, que sai das mãos da oligarquia agrária e vai parar sob o manto de uma burguesia da cidade, o que coincide com o fim da República Velha. (SILVA, 2010, p. 23).

Arruda (1998) destaca que a Constituição de 1934 é considerada um marco importante para a legislação social. Algumas de suas conquistas foram mantidas nas Constituições que a seguiram até a de 1967.

Em seu art. 115, foi estabelecida importante norma de aspecto social, *in verbis*: *"A ordem econômica deve ser organizada conforme os princípios da justiça e as necessidades da vida nacional, de modo que possibilite a todos existência digna"*.

A Constituição de 1934 também estabeleceu as seguintes garantias: a pluralidade sindical e a aceitação das convenções coletivas de trabalho, a observância do princípio da isonomia salarial, o salário mínimo, a proteção ao trabalho das mulheres e dos menores, o repouso hebdomadário e as férias anuais remuneradas. Trouxe, por sorte, como grande inovação, a criação da Justiça do Trabalho, embora não integrante do Poder Judiciário à época. Trata-se da primeira Carta Brasileira a ter normas específicas de Direito do Trabalho, frutos do constitucionalismo social.

Franco Filho conclui:

> O grande fruto da Constituição de 1934 foi a criação da Justiça do Trabalho, como integrante do Poder Executivo, vinculada ao então Ministério do Trabalho, Indústria e Comércio (art. 1220) com seus órgãos possuindo composição paritária, nem sequer exigida formação jurídica, bastante ser pessoa de experiência e notória capacidade moral e intelectual (parágrafo único). (FRANCO FILHO, 2015, p. 49).

A Constituição de 1934 foi a primeira a inscrever um título sobre a ordem econômica e social inspirada na Constituição de Weimar. Contudo, ela contém um paradoxo entre o corporativismo e o pluralismo sindical.

A respeito de tal paradoxo, expõe Leite:

> A Carta de 1934 reconheceu a pluralidade e (*sic*) autonomia sindical, bem como as convenções coletivas de trabalho, mas silenciou-se sobre a greve. [...] Em suma, o diploma constitucional de 1934 era intervencionista e já mostrava sua preferência pelo *Welfare State* (estado do bem-estar). (LEITE, 1997, p. 17).

Martins (2012), reiterando ser a Constituição de 1934 a primeira a tratar, especificamente, do Direito do Trabalho, destaca a influência do constitucionalismo social, que só veio a ser sentida no Brasil a partir desse período.

Franco Filho assinala:

> Constituição evoluída para a época, a de 1934 introduziu o título IV, tratando da ordem econômica e social, admitindo o reconhecimento de sindicatos e (sic) associações profissionais, adotando o pluralismo sindical (art. 120). Para os direitos trabalhistas foi dedicado o art. 121, devendo a lei promover o amparo à produção e estabelecer condições de trabalho na cidade e no campo, para proteger (sic) socialmente (sic) o trabalhador e os interesses econômicos do país. (FRANCO FILHO, 2015, p. 49).

O referido art. 121 foi muito expressivo, tendo em vista que, concorde Franco Filho (2015), seu § 1º contemplava os seguintes direitos trabalhistas já citados alhures: isonomia salarial, salário mínimo, jornada de trabalho de oito horas/dia, restrições ao trabalho do menor, repouso semanal, férias anuais remuneradas, indenização por dispensa sem justa causa, assistência e previdência a maternidade, velhice, invalidez, acidente de trabalho e morte, regulamentação de todas as profissões e reconhecimento das convenções coletivas de trabalho. Além dos direitos supracitados, outros temas, como o trabalho agrícola (§ 4º), a organização de colônias dessa natureza (§ 5º) e a situação do trabalhador migrante (§§ 6º e 7º) foram tratados.

2.4 A CONSTITUIÇÃO DE 1937

A Constituição de 1937, por sua vez, sofreu grande influência da Constituição Italiana, acarretando um retrocesso para a liberdade sindical, na medida em que os sindicatos foram vistos como exercentes de funções delegadas do Poder Público, distorcendo suas atividades para aspectos assistencialistas e encarando movimentos grevistas como antissociais.

Como a Constituição de 1934 teve vida curta, Franco Filho (2015) ressalta que Getúlio Vargas implantou um regime ditatorial e outorgou uma Carta, conhecida como Polaca, em 10 de novembro de 1937.

> Durante quase cinco anos, vigeu em plenitude, apesar de ser profundamente restritiva da liberdade. A partir do Decreto n. 10.358, de 31.08.1942, quando foi declarado estado de guerra no Brasil contra as potências do Eixo (Alemanha, Itália e Japão), o dispositivo que tratava dos direitos trabalhistas (art. 137) foi suspenso, mantido apenas o art. 136, que considerava o trabalho um dever social, que deveria ser exercido honestamente, da mesma forma com o de livre circulação no território brasileiro e o de a pessoa poder exercer sua atividade regular (art. 122, § 2º). (FRANCO FILHO, 2015, p. 50).

Cumpre ressaltar que, antes da suspensão de 1942, o art. 137 conservava vários artigos do Diploma de 1934. Ainda foram criadas: a licença anual remunerada por ano de serviço, a estabilidade no emprego e a garantia do contrato de trabalho em caso de sucessão. O repouso semanal foi fixado aos domingos. Além de ser reconhecida a assistência administrativa e judicial por entidade de classe. Como a referida Constituição era extremamente corporativista, seu art. 138, também suspenso em 1942, reconhecia a liberdade de associação profissional e sindical, adotando a unicidade sindical. Deveria o sindicato ser reconhecido formalmente pelo Estado, que lhe forneceria uma carta patente, exercendo funções delegadas pelo Poder Público, tendo implantado, de igual modo, o imposto sindical, hoje considerado contribuição sindical.

Martins esclarece:

> A Carta Constitucional de 10.11.1937 marca uma fase intervencionista do Estado, decorrente do golpe de Getúlio Vargas. Era uma Constituição de cunho eminentemente corporativista, inspirada na Carta Del Lavoro, de 1927, e na Constituição Polonesa. O próprio art. 140 da referida Carta era claro no sentido de que a economia era organizada em corporações, sendo consideradas órgãos do Estado, exercendo função delegada de poder público. O Conselho de Economia Nacional tinha por atribuição promover a organização corporativa da economia nacional (art. 61, a) [...]. (MARTINS, 2012, p. 11).

Vianna (2000, p. 76) argumenta: "É inegável que a Carta de 1937 se acentuou pelo seu caráter revolucionário, especialmente legitimando a intervenção do Estado no domínio econômico". E prossegue:

> Fixando como norma que "o trabalho é um dever social" e que o "trabalho intelectual, técnico e manual tem direito à proteção e solicitude especiais do Estado", fixou a de 1937, melhor que a de 1934, as diretrizes da legislação do trabalho. E nela se continham os preceitos básicos sobre o repouso semanal, a indenização por cessação das relações de trabalho sem que o empregado a ela tenha dado causa, as férias remuneradas, o salário mínimo, o trabalho máximo de oito horas, a proteção à mulher e ao menor, o seguro social, a assistência médica e higiênica etc. (VIANNA, 2000, p. 76).

Para Leite (1997), a Constituição de 1937 representou um retrocesso em relação à Constituição democrática anterior ao restringir a autonomia privada coletiva. A greve passou a ser considerada ilegal, antissocial e nociva à produção. Com isso, os sindicatos perderam a autonomia e passaram a atuar de forma assistencialista, descaracterizando o seu verdadeiro papel de luta em favor da classe trabalhadora. Foi implantado, então, o princípio do sindicato único, reconhecido pelo Estado com representação legal exclusiva da categoria, e "o imposto sindical" compulsório, que só poderia ser cobrado pelo sindicato que tivesse carta de reconhecimento do Governo. Enfim, os sindicatos passaram a atuar com delegação do Poder Público. No tocante aos direitos individuais, quase nada restou modificado em relação à Carta de 1934. Foi uma Constituição outorgada por Getúlio Vargas, com apoio das Forças Armadas e com índole corporativa.

Kátia Magalhães Arruda (1998) informa que a Carta de 1937 manteve o elenco de direitos da Carta anterior e garantiu direitos coletivos.

Martins reitera:

> A Constituição de 1937 instituiu o sindicato único, imposto por lei, vinculado ao Estado, exercendo funções delegadas de poder público, podendo haver intervenção estatal direta em suas atribuições. Foi criado o imposto sindical, como uma forma de submissão das entidades de classe ao Estado, pois este participava do produto de sua arrecadação. Estabeleceu-se a competência normativa dos tribunais do trabalho, que tinha por objetivo principal evitar o entendimento direto entre trabalhadores e empregadores. (MARTINS, 2012, p. 11).

2.5 A CONSTITUIÇÃO DE 1946

Para Arruda (1998), relativamente à Constituição Democrática de 1946, não ocorreu alteração no sentido de desintegrar a inspiração corporativista, embora ela tenha trazido avanços para o direito de greve e para o pagamento do salário noturno superior ao recebido em trabalho diurno. Tal Constituição estabeleceu a participação do trabalhador nos lucros da empresa, norma que não recebeu regulamentação sob a égide da referida Carta, e incorporou a Justiça do Trabalho ao Poder Judiciário (art. 94, V), mantendo os vogais e instituindo o seu poder normativo.

Na ótica de Leite (1997), a Constituição de 1946 foi uma das mais avançadas da época por declarar o trabalho um dever social, tendo como objeto assegurar a todos existência digna.

O autor ressalta que o aspecto negativo relativo a esta Constituição foi deixar para a legislação ordinária o encargo de regular a organização sindical, o que nunca foi feito. Apesar de a Carta de 1946 ter reconhecido o direito de greve na forma da Lei e as convenções coletivas, o sistema corporativista imposto pela Carta de 1937 foi mantido, como o sindicato único e a contribuição sindical obrigatória.

Na visão de Messias Pereira Donato:

> A Constituição Democrática de 1946 foi a primeira a valer-se da expressão **direito do trabalho**. Estabeleceu a competência exclusiva da União (art. 5º, a) para sobre ele legislar sem excluir a legislação estadual supletiva ou complementar (art. 6º). (DONATO, 2008, p. 57, grifo nosso).

Também consoante este autor, ao dispor sobre a legislação do trabalho, a Carta de 1946 tinha em conta a melhoria "da condição" do trabalhador e enunciou os direitos sociais sob o título da Ordem Econômica e Social, a exemplo da Carta de 1934. Já os direitos e garantias individuais vinham sob o título Declaração dos Direitos, que abrangia, igualmente, os direitos políticos: da nacionalidade e da cidadania.

Cada título vinha exaltado em sua área específica, sem cominação institucional de uma com a outra, apesar de enunciar que a ordem econômica devesse "ser organizada" conforme os princípios da justiça social. Nesse sentido, predispôs-se a conciliar a liberdade e a iniciativa com a valorização do trabalho, tido como obrigação social a ser garantida a todos com vistas a uma existência digna.

Para o autor em tela, trata-se de objetivo bem mais ambicioso do que o agasalhado pelo constituinte de 1934, visto que entendeu a organização da ordem econômica de acordo com os "princípios da justiça e as necessidades da vida nacional", de modo a possibilitar existência digna a todos.

Portanto, segundo Donato:

> A Constituição de 1946 fez incluir a Justiça do Trabalho no Poder Judiciário e lhe atribuiu relevante papel na organização da vida social, em função da competência ampla que lhe conferiu para dirimir dissídios individuais e coletivos entre empregados e empregadores, valendo-se, neste último caso, de seu poder normativo, bem como para dirimir as demais controvérsias oriundas das relações de trabalho regidas por legislação especial. Alçou no nível constitucional a estabilidade "na empresa ou na exploração rural". Mantendo vivo o corporativismo, fez aliar ao poder normativo da Justiça do Trabalho a submissão à ordenação legal do direito de greve, da constituição do sindicato, de sua representação legal nas convenções coletivas de trabalho, além de conservar-lhe o exercício de funções delegadas pelo poder público. Preceituou a remuneração do repouso semanal e nos feriados civis e religiosos. Instituiu a participação obrigatória e direta nos lucros da empresa, a assistência aos desempregados, na dependência de lei ordinária, estendeu a abrangência do salário mínimo à família do trabalhador. Além do salário, assegurou o emprego na licença à gestante. (DONATO, 2008, p. 58).

Cassar (2014) expõe que a Carta de 1946 dispôs sobre a participação dos empregados nos lucros da empresa, o repouso semanal remunerado, os feriados; concedeu a estabilidade decenal a todos os trabalhadores; reconheceu o direito de greve; incluiu a Justiça do Trabalho ao Poder Judiciário, retirando este órgão da esfera do Executivo. Os julgadores e conciliadores da Justiça do Trabalho, até então nomeados (e não concursados), passaram a se chamar juízes, e os dois conciliadores passaram a se chamar vogais, posteriormente classistas.

Franco Filho, ao discorrer acerca da Constituição de 1946, enumera as seguintes conquistas sociais:

> A Justiça do Trabalho passou a integrar o Poder Judiciário (art. 94, V), e os direitos trabalhistas foram tratados, exemplificativamente no art. 157: salário mínimo regionalizado, isonomia salarial, adicional noturno, participação nos lucros das empresas conforme lei, limitação da jornada diária em oito horas, repouso semanal agora remunerado, férias anuais também remuneradas, higiene e segurança do trabalho, proteção ao trabalho do menor e à

mulher gestante, percentagem entre trabalhadores brasileiros e estrangeiros, estabilidade e indenização por dispensa imotivada, reconhecimento das convenções coletivas de trabalho, assistência sanitária, hospitalar e médica preventiva e aos desempregados, previdência social, seguro contra acidente de trabalho, igualdade entre trabalho manual, técnico e intelectual. (FRANCO FILHO, 2015, p. 50).

Foi reconhecido o direito de greve (art. 158) e a livre associação profissional ou sindical, mas sendo mantida à semelhança da Carta de 1937 (art. 159).

2.6 A CONSTITUIÇÃO DE 1967

Em relação à Constituição de 1967, houve poucas inovações. Ela deu ao Tribunal Superior do Trabalho (TST) a feição de corte máxima trabalhista, instituiu o salário-família e o Fundo de Garantia por Tempo de Serviço (FGTS), repetiu o preceito da participação nos lucros, ampliou a previsão de cogestão — norma que continuou sem regulamentação ou aplicabilidade — e limitou o direito de greve. Tudo em absoluta consonância com a doutrina da segurança nacional.

De acordo com Leite (1997), a Carta de 1967 manteve o mesmo sistema corporativista previsto na Constituição de 1946, proibindo, ainda, a greve nos serviços públicos e nas atividades essenciais. No campo dos direitos individuais trabalhistas, a novidade foi a integração do trabalhador na organização e no desenvolvimento da empresa, por meio da participação nos lucros e, excepcionalmente, na sua gestão nos termos da Lei. Além disso, a idade mínima de ingresso do adolescente no mercado de trabalho formal retrocedeu dos 14 para os 12 anos de idade, e o regime do FGTS, criado pela Lei n. 5.107/66, passou a coexistir com a estabilidade decenal (art. 492, CLT).

Cassar (2014, p. 19) destaca que "a Constituição de 1967 manteve os direitos previstos na Carta de 1946 e objetivou a continuidade da revolução de 1964".

Já que, conforme Leite (1997, p. 19), "a 31 de março de 1964, instalou-se, em nosso país, um movimento político-militar que desaguou na queda do Presidente João Goulart, sendo eleito novo presidente o Marechal Castelo Branco".

Leite (1997) ainda assinala que, a partir da Constituição de 1967, editaram-se vários Atos Institucionais com o objetivo de consolidar o regime estabelecido pela Revolução (golpe militar), fortificando o Poder Executivo e reduzindo o radicalismo de esquerda sob a égide da Constituição de 1946. Na ocasião, o Presidente Castelo Branco determinou a elaboração de um novo texto constitucional que entrou em vigor somente em 24 de março de 1967. Embora autoproclamando-se promulgada, esta Carta foi imposta pela força militar, razão pela qual é classificada como Constituição semi-outorgada.

Ao ver de Franco Filho (2015, p. 50), no tocante "à atividade sindical (arts. 159 e 166), não houve nenhuma modificação expressiva".

2.7 A CONSTITUIÇÃO DE 1988

A Constituição de 1988, promulgada em 05 de outubro de 1988, aborda os Direitos e Garantias Fundamentais em seu Título II, classificando-os em cinco espécies, cada qual alocada em um Capítulo próprio, quais sejam: a) Dos Direitos e Deveres Individuais e Coletivos, art. 5º, Capítulo I; b) Dos Direitos Sociais, arts. 6º a 11, no Capítulo II; c) Da Nacionalidade, arts. 12 e 13, no Capítulo III; d) Dos Direitos Políticos, arts. 14 a 16, no Capítulo IV; e) Dos Partidos Políticos, art. 17, no Capítulo V.

Concorde Martins (2012), na Constituição Federal de 1988, os direitos trabalhistas foram incluídos no Capítulo II, "Dos Direitos Sociais", do Título II, "Dos Direitos e Garantias Fundamentais", ao passo que, nas Constituições anteriores, os direitos trabalhistas sempre eram inseridos no âmbito da ordem econômica e social. Por isso, o art. 7º da Lei Maior vem a ser uma verdadeira CLT, em decorrência de tantos direitos sociais dos trabalhadores se encontrarem ali albergados.

Silvio Beltramelli Neto (2014) indica que a Constituição Federal de 1988 inova ao declarar os direitos sociais dentro do mesmo título em que declara os direitos civis e políticos. Isso denota, por um lado, a mesma importância que a concretização de todos eles deve experimentar; por outro, o perfil social conferido a todo o ordenamento jurídico brasileiro de observância obrigatória no âmbito estatal e no privado.

Também consoante Beltramelli Neto (2014), a Constituição Federal de 1988 não adotou a nomenclatura "Direitos econômicos, sociais e culturais" — mais corriqueira nos tratados internacionais de direitos humanos — preferindo agrupar esses três direitos sob a expressão única "direitos sociais", que dá nome ao Capítulo II do Título II, localização dedicada ao propósito de reafirmar a inclusão de tais direitos no rol dos direitos fundamentais, até por questão de coerência com os compromissos e com objetivos sociais assumidos nos primeiros artigos da Carta Maior (arts. 1º e 3º).

Sob a égide do pensamento de Ricardo Maurício Freire Soares (2010), os direitos sociais, por conseguinte, estão voltados para a substancialização da liberdade e da igualdade dos cidadãos, objetivando, em última análise, a tutela da pessoa humana em face das necessidades de ordem material com vistas à garantia de uma existência digna. Tais direitos, segundo o autor, catalisam um projeto de emancipação e de afirmação da dignidade do ser humano, oportunizando a transição da cidadania do plano jurídico-formal para o campo real das relações socioeconômicas sem a qual não se realiza o direito justo.

Pelo art. 6º da Constituição Federal de 1988, são direitos sociais o conjunto de bens ou valores jurídicos materiais ou extrapatrimoniais que visam garantir ao cidadão o acesso à educação, à saúde, à alimentação, ao trabalho, à moradia, ao transporte, ao lazer, à segurança, à previdência social, à proteção à maternidade e à infância e à assistência aos desamparados.

Lenza (2016) defende que os direitos sociais mencionados no art. 6º da CF/88 caracterizam-se como o conteúdo da ordem social que aparece bem delimitada em um título próprio da Constituição.

Silva conceitua os direitos sociais do seguinte modo:

> Os direitos sociais, como dimensão dos direitos fundamentais do homem, são prestações positivas proporcionadas pelo Estado, direta ou indiretamente, enunciadas em normas constitucionais, que possibilitam melhores condições de vida aos mais fracos, direitos que tendem a realizar a igualização de

situações sociais desiguais. São, portanto, direitos que se ligam ao direito de igualdade. Valem como pressupostos do gozo dos direitos individuais na medida em que criam condições materiais mais propícias ao auferimento da igualdade real, o que, por sua vez, proporciona condição mais compatível com o exercício efetivo da liberdade. (SILVA, 1999, p. 290).

Lenza pontifica que os direitos sociais como de segunda dimensão:

> [...] apresentam-se como prestações positivas a serem implementadas pelo Estado (Social de Direito) e tendem a concretizar a perspectiva de uma isonomia substancial e social na busca de melhores e adequadas condições de vida, estando, ainda, consagrados como fundamentos da República Federativa do Brasil (art. 1, IV, da CF/88). (LENZA, 2016, p. 1.298).

Na análise de Ingo Wolfgang Sarlet:

> Os direitos sociais abrangem tanto direitos prestacionais (positivos) quanto defensivos (negativos), partindo-se aqui do critério da natureza da posição jurídico-subjetiva reconhecida ao titular do direito, bem como da circunstância de que os direitos negativos (notadamente os direitos de não-intervenção na liberdade pessoal e nos bens fundamentais tutelados pela Constituição) apresentam uma dimensão "positiva" (já que sua efetivação reclama uma atuação positiva do Estado e da sociedade) ao passo que os direitos a prestações (positivos) fundamentam também posições subjetivas "negativas", notadamente, quando se cuida de sua proteção contra ingerências indevidas por parte dos órgãos estatais, mas também por parte de organizações sociais e de particulares. (SARLET, 2009, p. 178).

Segundo Sarlet (2009), é preciso respeitar a vontade enunciada de forma expressa pelo Constituinte, no sentido de que o qualificativo de social não está vinculado exclusivamente a uma atuação positiva do Estado na promoção e na garantia de proteção e de segurança social, como instrumento de compensação de desigualdades fáticas manifestas e como modo de assegurar um patamar mínimo de condições para uma vida digna. E amplifica:

> Tal consideração se justifica pelo fato de que também são sociais (sendo legítimo que assim seja considerado) direitos que asseguram e protegem um espaço de liberdade ou mesmo dizem com a proteção de determinados bens jurídicos para determinados segmentos da sociedade, em virtude justamente de sua maior vulnerabilidade em face do poder estatal, mas acima de tudo social e econômico, como demonstram justamente os direitos dos trabalhadores, isto sem falar na tradição da vinculação dos direitos dos trabalhadores à noção de direitos sociais, registrada em vários momentos da evolução do reconhecimento jurídico, na esfera internacional e interna, dos direitos humanos e fundamentais. (SARLET, 2009, p. 179).

Os direitos sociais são, portanto, aqueles que cobram atitudes positivas do Estado para promover a igualdade entre as categorias sociais desiguais. Não se referem à mera igualdade formal de todos perante a Lei, mas à igualdade material e real de oportunidades, protegendo, juridicamente, os hipossuficientes nas relações sociais de trabalho e os padrões mínimos de uma sociedade igualitária.

Em consonância com Malheiro (2015), são compreendidos, desse modo, como direitos de igualdade, por constituírem direitos econômicos, sociais e culturais, relativos às relações de produção e de trabalho, à previdência, à educação, à cultura, à alimentação, à saúde e à moradia.

Na seara trabalhista, tais direitos incidem sobre a relação de trabalho assalariado para proteger a classe operária contra a espoliação patronal e contra a desigualdade social desencadeada pelos abusos do capitalismo desenfreado.

É necessário enfatizar que os direitos sociais previstos no art. 6º da Constituição Federal de 1988, bem como os prescritos no Título II, são direitos fundamentais.

Para tanto, tenham-se em vista os ensinamentos de Sarlet:

> Todos os direitos — tenham sido eles expressa ou implicitamente positivados, estejam eles sediados no Título II da CF (dos direitos e garantias fundamentais), estejam localizados em outras partes do texto constitucional ou nos tratados internacionais regularmente firmados e incorporados pelo Brasil — são direitos fundamentais. (SARLET, 2009, p. 181).

E Sarlet também elucida:

> Afirmar que são fundamentais todos direitos como tais (como direitos fundamentais!) expressamente consagrados na Constituição não significa que não haja outros direitos fundamentais, até mesmo pelo fato de que se deve levar a sério a já referida cláusula de abertura (na condição de norma geral inclusiva) contida no art. 5º, § 2º, da Constituição Federal. (SARLET, 2009, p. 182).

Soares (2013), no que se refere à disposição constitucional contida no art. 5º, § 2º, da CF/88, aponta que a dignidade da pessoa humana figura como princípio ético-jurídico capaz de orientar o reconhecimento, a partir de uma interpretação teleológica da Carta Magna pátria, de direitos fundamentais implícitos. Isso se dá em decorrência da disposição contida no mencionado preceito constitucional acima referido, que define um catálogo aberto e inconcluso de direitos fundamentais, ao estabelecer que os direitos e garantias expressos na Constituição Brasileira não excluem outros decorrentes do regime dos princípios por ela adotados ou dos tratados internacionais em que a República Federativa do Brasil seja parte.

Os direitos e garantias fundamentais protegidos pela iniciativa do poder constituinte reformador derivado não correspondem, pois, somente àqueles de natureza meramente individual, previstos no rol do art. 5º da Constituição Federal de 1988.

Tal exegese se faz consonante também com a dicção do mencionado § 2º do art. 5º, ao estabelecer que os direitos e garantias nela expressos não excluem outros decorrentes do regime e dos princípios por ela adotados, ou dos tratados internacionais em que a República Federativa do Brasil seja parte. Tal norma permite que outros direitos sejam considerados como fundamentais, mesmo não previstos expressamente na Constituição, e, por maior razão, não enumerados no Título II da CF/88.

Neste desiderato, outros direitos propagados pela Constituição, a exemplo do § 2º do art. 5º, bem como os advindos de tratados internacionais pelo art. 5º, § 3º, são reconhecidos como fundamentais e também estão acobertados pela cláusula pétrea, prevista no art. 60, § 4º, IV, da Constituição Federal de 1988.

Rodrigo Goldschmidt (2016), seguindo tal raciocínio, assevera com exatidão que é possível detectar direitos que são materialmente fundamentais — com ou sem assento constitucional — e que podem ser assim reconhecidos não só em razão desses mesmos critérios, mas também por força da abertura material do catálogo constitucional (art. 5º, §§ 2º e 3º, art. 6º e art. 7º, *caput*, da CF/88), que permite agregá-los em seu bojo, tendo em vista, proteger ou ampliar o âmbito de proteção e promover ou melhorar progressivamente os meios e os recursos atinentes a dignidade da pessoa humana.

Quanto à previsão constitucional dos direitos sociais dos trabalhadores, a Constituição Federal de 1988 elenca os direitos individuais trabalhistas no Capítulo II, consagrados no art. 7º e os direitos coletivos trabalhistas nos arts. 8º a 11. Assim, os direitos sociais dos trabalhadores podem ser classificados em direitos trabalhistas individuais (art. 7º) e em direitos trabalhistas coletivos (arts. 8º a 11, CF/88).

O art. 7º da Constituição Federal de 1988 traz, em seu *caput*, um rol exemplificativo de direitos trabalhistas individuais ao estabelecer: *"São direitos dos trabalhadores urbanos e rurais, além de outros que visem à melhoria de sua condição social"*.

Importa frisar o que assegura Francisco Meton Marques de Lima:

> O Direito do Trabalho constitui um dos instrumentos por meio do qual se promove a justiça social. Consequentemente, a finalidade posta no fundo de toda norma trabalhista é a justiça social, compreendida sempre de maneira progressiva, seguindo os passos da sociedade, cujas exigências são crescentes. (LIMA, 2015, p. 251).

Também em consonância com Lima, o art. 7º "fixa o piso básico da dignidade humana, mas referenda todo o progresso social que vier por meio de qualquer outro instrumento". (LIMA, 2015, p. 49).

Sendo assim:

> Na Constituição, a base dogmática do princípio da progressão são os arts. 3º ("Constituem objetivos da República Federativa do Brasil: II — garantir o desenvolvimento nacional; III — erradicar a pobreza e a marginalização e reduzir as desigualdades sociais e regionais; [...]"), art. 7º, *caput* (melhoria

da condição social do trabalhador); art. 170, III, incorporar a regra da função social da propriedade. (LIMA, 2015, p. 50).

O autor em tela defende que o mancal constitucional do princípio da progressão social é o Título VIII da Constituição que se inicia com o art. 193 (*"A ordem social tem por base o primado do trabalho e por objetivo o bem-estar e a justiça social"*).

Nesta oportunidade, cabe enumerar os direitos sociais dos trabalhadores, aos quais os arts. 7º a 11 da Carta Magna de 1988 se referem. São eles os seguintes:

O art. 7º estabelece proteção contra a despedida arbitrária, ou sem justa causa, nos termos da Lei Complementar, que ainda não foi aprovada, a qual deverá prever indenização compensatória; seguro-desemprego; manutenção do FGTS; salário mínimo; 13º salário; duração da jornada de trabalho normal não superior a 08 horas diárias e 44 horas semanais; remuneração da hora extra superior, no mínimo, em 50% a da normal; férias remuneradas, com acréscimo de 1/3 do salário normal; licença à gestante, sem prejuízo do emprego e do salário, com a duração de 120 dias.

O art. 8º da Constituição de 1988 define diretrizes sociais para o direito coletivo do trabalho por se dedicar: ao estudo da liberdade e da autonomia sindical; à estrutura sindical brasileira — unicidade e critério de enquadramento das entidades sindicais; à substituição processual pelos sindicatos; à fixação pela assembleia geral de contribuição sindical que, em se tratando de categoria profissional, será descontada em folha para custeio do sistema confederativo da representação sindical respectiva, independentemente da contribuição prevista em Lei; à liberdade de filiação e de desfiliação sindical; à representação obrigatória pelos sindicatos nas negociações coletivas de trabalho; ao direito do aposentado de votar e de ser votado nas organizações sindicais; à garantia de emprego do empregado que exerce direção ou representação sindical.

O art. 9º da CF/88 assegura proteções ao direito de greve dos trabalhadores, facultando-lhes decidir sobre a oportunidade de exercê-lo e sobre os interesses que devam por meio dele defender.

O art. 10 da Carta de 1988 prevê a participação dos trabalhadores e dos empregadores nos colegiados dos órgãos públicos em que seus interesses profissionais ou previdenciários sejam objeto de discussão e de deliberação.

E o art. 11 da Constituição Federal de 1988, por fim, aduz que, nas empresas com mais de 200 empregados, é garantida a eleição de um representante destes com a finalidade exclusiva de promover-lhes o entendimento direto com os empregadores.

Há, ainda, que se destacarem como direitos fundamentais dos trabalhadores: a) os inscritos no Título VIII, arts. 193 a 231, que tratam da Ordem Social; b) os previstos nos arts. 200, inciso VIII, e 225, que visam a proteger o meio ambiente geral, constituindo o meio ambiente do trabalho parte integrante deste; c) os estabelecidos pelo art. 5º, *caput*, e incisos II, III, IV, V, VI, VIII, IX, X, XII, XIII, XIV, XVI, XVII, XVIII, XIX, XX, XXI, XXXV, XXXVI, XLVII, XLI; d) o art. 6º, que enumera os direitos sociais à educação, à saúde, à alimentação, ao trabalho, à moradia, ao lazer, à segurança, à previdência social, à proteção à maternidade e à infância e à assistência aos desamparados.

Beltramelli Neto (2014, p. 126), em relação aos direitos fundamentais sociais previstos no art. 6º da Constituição Federal de 1988, considera-os "uma Declaração Brasileira de Direitos Sociais, contemplando em um só dispositivo todos os bens tutelados sob esta rubrica".

Para Paulo Eduardo V. Oliveira (2010), os direitos suprarrelacionados permitem ao trabalhador ter acesso ao direito à integração social, que consiste em uma das espécies ou categorias (*ao lado da proteção física, mental, moral e intelectual*) de direitos da personalidade no Direito do Trabalho. Também, para este autor, o direito da personalidade à integração social visa assegurar ao trabalhador o direito de ser essencialmente político, essencialmente social, tendo em vista que a pessoa humana tem direito ao convívio familiar, ao convívio com grupos intermediários existentes entre o indivíduo e o Estado, com grupos a que se associa pelas mais diversas razões (recreação, defesa de interesses corporativos, convicção religiosa, opção político-partidária etc.), direito do exercício da cidadania tomada no sentido estrito — *status* ligado ao regime político — e no sentido *lato* — direito de usufruir todos os bens de que a sociedade dispõe ou de que deve dispor para todos e não só para eupátridas, tais como: educação escolar nos diversos níveis, seguridade social (saúde pública, da previdência ou da assistência social).

É fulcral, também, considerar como diretrizes sociais trabalhistas, os arts. 1º, 2º, 3º, 5º, 7º, 8º e 170 da Carta Constitucional de 1988, que visam informar o estudo e a compreensão do Direito Constitucional do Trabalho, conduzindo o intérprete e aplicador do Direito do Trabalho a invocá-los como importante mecanismo de interpretação e de eficácia dos direitos fundamentais nas relações de trabalho, a saber: a cidadania (art. 1º, II); o valor social do trabalho e a livre iniciativa (art. 1º, IV); a liberdade, a justiça social e a solidariedade (art. 3º, I); o desenvolvimento nacional (art. 3º, II); a erradicação da pobreza e da marginalização e a redução das desigualdades sociais e regionais (art. 2º, III); o bem-estar coletivo e o não tratamento discriminatório por motivo de origem, raça, sexo, cor, idade ou quaisquer outras formas de preconceito e de discriminação (art. 2º, IV); a igualdade (art. 5º, *caput*); o direito à intimidade (art. 5º, X); o direito à imagem (art. 5º, V); a justiça social (art. 170, *caput*); a valorização do trabalho humano (art. 170, *caput*); a função social da empresa (art. 170, III); a busca do pleno emprego (art. 170, IV); a proibição do retrocesso social ou da prevalência da condição mais benéfica ao trabalhador (art. 7º, *caput*); a não-discriminação (art. 7º, XXX, XXXI e XXXII); a liberdade sindical (art. 8º, *caput*); a autonomia sindical ou a não interferência estatal nos sindicatos (art. 8º, I); a necessária intervenção sindical nas negociações coletivas (art. 8º, VI).

Conforme Beltramelli Neto (2014), em relação aos direitos fundamentais, a Constituição de 1988 pauta-se por diretrizes sociais, para muito além da preservação de interesses econômicos e particulares, que solidarizam vários dos seus dispositivos acerca do perfil do Estado brasileiro, como: a) art. 1º, III e IV — os fundamentos da República — dignidade da pessoa humana e valor social do trabalho; b) art. 3º — os objetivos da República — todos essencialmente sociais (construir uma sociedade livre, justa e solidária, garantir o desenvolvimento nacional, erradicar a pobreza e a marginalização e reduzir as desigualdades sociais e regionais, promover o bem de todos sem preconceitos de origem, raça, sexo, cor, idade e quaisquer outras formas de discriminação); c) art. 6º — a declaração de direitos fundamentais sociais como à educação, à saúde, à alimentação, ao trabalho, à moradia, ao lazer, à segurança, à previdência social, à proteção à maternidade e à infância, à assistência aos desamparados; d) art. 5º, XXIII — direito à propriedade — respeitada a sua função social; e) art. 170, *caput* e incisos II, VII e VIII — os princípios da atividade econômica — vinculados aos aspectos sociais — e a ordem econômica fundada na valorização do trabalho humano e na livre iniciativa, tendo por fim assegurar a todos existência digna, conforme os ditames da justiça social, observados os princípios da função social da propriedade, da redução das desigualdades regionais e sociais e da busca do pleno emprego.

Ante o exposto, adota-se, aqui, a visão de Cassar (2014). Para a autora, a Constituição da República de 1988 elevou os princípios à categoria de norma. Por este novo paradigma, embora não se devam abandonar as regras, ou seja, o positivismo, pois ordenam a sociedade e conferem paz social, o direito caminha no sentido de não encarar os princípios constitucionais como fontes secundárias, preponderando, assim, as cláusulas abertas, que são mais plásticas e menos concretas, e que permitem ao direito solucionar maior número de questões e acompanhar as novas necessidades sociais, fruto da evolução da história do país.

Conforme assaz pertinente reflexão de Cassar (2014), a Justiça deve ir além do positivismo. E, por todos os princípios constitucionais terem eficácia imperativa, eles são considerados normas jurídicas, haja vista que:

> A Constituição é norma de conduta ou de comportamento e não apenas uma Carta Política. Não é mera diretriz, mera luz ou papel. Agora o Estado é personalista, pois leva em conta o homem, historicamente situado, vislumbrando os interesses e as necessidades do indivíduo concreto, abandonando a ideia do homem ideal, do bom pai de família, que o direito civil preconizava. (CASSAR, 2014, p. 157).

Como a autora em foco bem expressa, neste momento pós-positivista, o direito se afasta um pouco da regra escrita e se aproxima mais da ética, da justiça e da moral. Expande-se a ideia da normatividade dos princípios, constituindo-se, pois, os princípios constitucionais como fontes formais do direito por serem normas.

Sob tal ótica, somente após a CF/88, os direitos sociais dos trabalhadores ganharam a dimensão de direitos humanos fundamentais. A Constituição Federal de 1988 constituiu um marco na história jurídico-social e política dos direitos fundamentais trabalhistas, por eleger a dignidade da pessoa humana como eixo central do Estado Democrático de Direito e dos Direitos Humanos Fundamentais.

Também, no magistério de Cassar (2014), a Carta Magna de 1988 retomou o homem como figura principal a ser protegida e abandonou o conceito individualista e privatista, priorizando o coletivo, o social e a dignidade da pessoa, arrolando, ainda, em seu art. 7º, inúmeros direitos dos trabalhadores.

Daí, Arruda (1998) ressalta que a Constituição de 1988 erigiu os direitos sociais a um patamar expressivo ao vincular a interpretação das normas hierarquicamente inferiores — e até mesmo a interpretação das próprias normas constitucionais — ao crivo da função social. Conforme esta outra autora, tal fato torna-se significativo no tocante aos direitos trabalhistas, haja vista que, juntamente com a soberania, a cidadania, o pluralismo político e a dignidade da pessoa humana, nos princípios fundamentais de todo o texto constitucional, encontram-se os valores sociais do trabalho e da livre iniciativa como suportes básicos sobre os quais a Carta Política sustenta a coerência do Ordenamento Jurídico Pátrio.

Para Delgado (2014), ao constitucionalizar o Direito do Trabalho, o Texto Máximo de 1988 impôs ao restante do universo jurídico uma influência e uma inspiração justrabalhista até então desconhecidas na história do país, pois retirou o Direito do Trabalho de seu local delimitado (e, no Brasil, até mesmo isolado), lançando sua influência sobre o conjunto da cultura jurídica do país.

Também, Delgado (2014) dá relevo ao fato de que a Lei n. 8.078/90 — construída a partir de indução constitucional (arts. 5º, XXXII, e 170, V, CF/88) — incorpora, de forma inovadora, institutos e figuras típicas e clássicas ao Direito Material e Processual do Trabalho, como: a) a noção de ser coletivo; b) a responsabilidade objetiva; c) a teoria da desconsideração da personalidade jurídica; d) o princípio da norma mais favorável; e) o princípio da inversão do ônus da prova; f) o caráter objetivo à noção de "cláusulas abusivas".

Apesar disso, os direitos fundamentais contidos nos Capítulos I, II, III, IV e V da Constituição Federal de 1988 não representam rol taxativo ou *numerus clausus*, e sim exemplificativo ou *numerus apertus*, em decorrência da disposição contida no art. 5º, § 2º, que assim estatui, *in verbis*: *"Os direitos e garantias expressos nesta Constituição não excluem outros decorrentes do regime e dos princípios por ela adotados, ou dos tratados internacionais em que a República Federativa do Brasil seja parte".*

E argumenta Ingo Sarlet:

> O conceito materialmente aberto de direitos fundamentais consagrado pelo art. 5º, § 2º, da nossa Constituição é de uma amplitude ímpar, encerrando (*sic*) expressamente, ao mesmo tempo, a possibilidade de identificação e (*sic*) construção jurisprudencial de direitos materialmente fundamentais não escritos (no sentido de não expressamente positivados), bem como de direitos fundamentais constantes em outras partes do texto constitucional e nos tratados internacionais [...]. (SARLET, 2015, p. 87).

No magistério de Goldschmidt (2016), tais preceitos constitucionais, integrantes do sistema de direitos fundamentais, permitem o reconhecimento de outros direitos e garantias fundamentais, com ou sem assento da Constituição formal, desde que sejam compatíveis com o regime e com os princípios adotados pela Constituição; ampliem o âmbito de proteção dos direitos fundamentais do indivíduo ou do grupo de indivíduos e traduzam um aprimoramento ou uma melhoria na condição pessoal e social do indivíduo ou do grupo de indivíduos.

Sob tal prisma, é possível agregar, pelas cláusulas de abertura, outros direitos materialmente fundamentais, que impliquem ampliar o âmbito de proteção e de promoção da dignidade da pessoa humana. Por conseguinte, observa-se que:

> É justamente a teoria da abertura material do catálogo de direitos fundamentais aplicada nas relações de trabalho, é possível defender que o art. 6º e o art. 7º, *caput*, da CF são cláusulas abertas do sistema de direitos fundamentais trabalhistas que permitem agregar "outros direitos que visem à melhoria da condição social do trabalhador", tenham eles assento ou não na Constituição formal. (GOLDSCHMIDT, 2016, p. 39).

Por outro lado, apesar dos pontos de avanço democrático produzidos pela Constituição Brasileira de 1988, esta Carta regulou hipóteses de flexibilização de direitos sociais trabalhistas previstas no art. 7º, VI, XIII e XIV; e preservou algumas contradições antidemocráticas do antigo modelo autoritário corporativista da Era Vargas (1930/40), como, por exemplo:

a) a unicidade e o sistema de enquadramento sindical (art. 8º, II, CF/88);

b) a contribuição sindical obrigatória (art. 8º, IV, *in fine*, CF/88);

c) o Poder Normativo da Justiça do Trabalho (embora tenha sofrido redução por intermédio da Emenda Constitucional n. 45, de 2004, que estabeleceu pressuposto processual para a instauração de dissídios coletivos de natureza econômica — *o comum acordo entre as partes coletivas* envolvidas) nova redação do art. 114, § 2º, CF/88 (após a EC n. 45/2004).

Tudo isso, entretanto, não desnatura a Constituição Federal de 1988 como a mais significativa Carta de Direitos Sociais na história jurídica e política do Brasil.

Tereza Aparecida Asta Gemignani pontua em seu magistério:

> A Carta de 1988 deu um passo significativo ao aproximar o direito da justiça, ao valorizar a ética como substrato de edificação do edifício jurídico; para tanto, atribuindo eficácia normativa aos princípios e centralidade aos direitos fundamentais inseridos em seu corpo. (GEMIGNANI, 2014, p. 39).

O princípio da dignidade da pessoa humana, expressamente enunciado pelo art. 1º, inciso III, da Constituição de 1988, além de constituir o valor unificador de todos os direitos fundamentais, por estes representarem uma concretização daquele, também cumpre função legitimadora do reconhecimento de direitos fundamentais implícitos, decorrentes de ou previstos em tratados internacionais, revelando, de tal sorte, sua íntima relação com o art. 5º, § 2º, da CF/88.

Pode-se afirmar, então, que os direitos fundamentais trabalhistas se apresentam como princípios fundamentais do Direito Constitucional do Trabalho em face de a sua proteção ter sido conferida pela Constituição de 1988 mesmo que "tardiamente". Destarte, tais direitos, como princípios fundamentais do Direito Constitucional do Trabalho, também se destacam, agora, como normas peculiares do Direito do Trabalho.

Por assim ser, o conjunto de regras, princípios e institutos jurídicos do Direito Constitucional do Trabalho encontram-se expressos na Constituição de 1988, por meio da cláusula geral de proteção aos direitos, inserida no art. 1º, III, — dignidade da pessoa humana.

Como declara Gemignani (2014), a grande guinada foi dada pela Carta Política de 1988, conhecida como "Constituição Cidadã", sintomaticamente promulgada um século depois de 1888, quando houve a abolição da escravidão no Brasil, dando um giro copernicano de 180 graus ao assegurar, em seu preâmbulo, a instituição de um Estado Democrático de Direito, destinado a implementar o desenvolvimento, a igualdade e a justiça, em uma sociedade alicerçada sobre o trabalho como valor, alçando os direitos sociais e trabalhistas a direitos fundamentais para a sua sustentação.

Em sua acurada visão, direciona Delgado:

> A Constituição da República firmou, no Brasil, o conceito e a estrutura normativos de Estado Democrático de Direito, em que ocupam posições cardeais a pessoa humana e a sua dignidade, juntamente com a valorização do trabalho, especialmente do emprego, o que insere o ramo justrabalhista no coração e (sic) mente jurídicos definidores do melhor espírito da Constituição. (DELGADO, 2014, p. 78).

Logo, ainda concorde Delgado (2014), a Constitucionalização do Direito do Trabalho ou o real Direito Constitucional do Trabalho apenas surgiu no Brasil, efetivamente, de modo científico, com a promulgação da Constituição de 1988, haja vista que, antes dela, as Constituições não estavam aptas a conferir origem a um verdadeiro Direito Constitucional do Trabalho, em virtude da falta de complexidade e da extensão de matérias, da ausência de métodos próprios de estruturação, além da lacuna ainda percebida quanto à identificação de perspectivas próprias de regência normativa acerca da temática trabalhista.

Neste escólio, Beltramelli Neto (2014) elucida que, pela primeira vez na história das Constituições Brasileiras, a Carta Maior de 1988 começa enunciando os princípios e os objetivos do Estado, bem como os direitos fundamentais de todo cidadão — *em quantidade jamais vista nas Constituições precedentes*, para, depois, ocupar-se da organização estatal. A mudança geográfica de sumário simboliza o compromisso com uma nova feição constitucional, caracterizada pela assunção da tarefa de declarar e de proteger os valores mais caros à sociedade brasileira.

O respeito, portanto, à Constituição, conduz à imposição do respeito aos valores nela consagrados sob a roupagem de princípios, daí resultando, como consequência hermenêutico-metodológica, a obrigatória atenção aos ditames constitucionais na interpretação e na aplicação de qualquer norma do ordenamento jurídico, atribuindo-se, a tal, o fenômeno de constitucionalização do Direito.

Convém, então, enumerar, consoante o pensamento de Delgado (2014): os 10 (dez) aspectos que conduzem à conclusão de que, somente após a Constituição Federal de 1988, pode-se defender um real Direito Constitucional do Trabalho. Na visão do autor em voga, todos esses aspectos — organicamente conectados na Constituição da República — indicam que, desde 05 de outubro de 1988, passou a existir, no Brasil, do ponto de vista histórico e também científico, um verdadeiro Direito Constitucional do Trabalho. Vale a pena elencá-los, detalhadamente, em consonância com a mui precisa visão deste honorável jurista.

O primeiro aspecto diz respeito à atual arquitetura conceitual contida na Carta de 1988 que perpassa todo o Texto Magno: o conceito de Estado Democrático de Direito, em cujo núcleo o Direito do Trabalho cumpre papel decisivo. O Estado Democrático de Direito, concebido pela nova Constituição Federal, funda-se em um inquebrantável "tripé" conceitual: *"a pessoa humana, com sua dignidade; a sociedade política, concebida como democrática e inclusiva; e a sociedade civil, também concebida como democrática e inclusiva"*. (DELGADO, 2014).

Estatui, ainda, o egrégio autor que, na conformação de todos os elementos deste tripé, em especial a garantia de efetiva dignidade à pessoa humana, além da garantia de efetivação das ideias de democratização e do caráter inclusivo da sociedade política e da sociedade civil, ostenta papel imprescindível o Direito do Trabalho.

O segundo aspecto trata da circunstância de a Constituição possuir outro conceito estrutural, além do conceito de Estado Democrático de Direito, que consiste na função integrante que o Direito do Trabalho também exerce, isto é, a noção de direitos e de garantias individuais e sociais fundamentais. (DELGADO, 2014).

Quanto ao terceiro aspecto, o Texto Constitucional de 1988 possui diversos e importantes princípios gerais que não se compreendem sem a direta referência ao Direito do Trabalho e ao seu papel na economia e na sociedade. O autor em tela cita o exemplo dos seguintes princípios: *princípio da dignidade da pessoa humana; da justiça social; da inviolabilidade do direito à vida; do respeito à privacidade e à intimidade; da não discriminação; da valorização do trabalho e do emprego; da proporcionalidade; da segurança; da subordinação da propriedade à sua função socioambiental; da vedação do retrocesso social.* (DELGADO, 2014).

O quarto aspecto diz respeito ao fato de a Lei Máxima Brasileira ter ressaltado a pessoa humana e o trabalho, especialmente o emprego, em todos os seus principais Títulos Normativos, quais sejam: *Título I (Dos Princípios Fundamentais), Título II (Dos Direitos e Garantias Fundamentais), Título VII (Da Ordem Econômica e Financeira) e Título VIII (Da Ordem Social)*. (DELGADO, 2014).

Ademais, a Constituição Federal de 1988, em seu Título II — Dos Direitos e Garantias Fundamentais — foi a primeira a elencar o trabalho decente como um direito social, ao inseri-lo entre os demais direitos sociais previstos no seu art. 6º, *in verbis*:

> Art. 6º São direitos sociais a educação, a saúde, a alimentação, **o trabalho**, a moradia, o lazer, a segurança, a previdência social, a proteção à maternidade e à infância, a assistência aos desamparados, na forma desta Constituição. (grifo nosso)

Digno de nota, ademais, o fato de que o direito ao trabalho decente não está restrito apenas ao art. 6º. O *caput* e o inciso VIII do art. 170 também destacam a importância do direito social ao trabalho decente, *in verbis*:

> Art. 170. A ordem econômica, fundada na valorização do trabalho humano e na livre iniciativa, tem por finalidade assegurar a todos existência digna, conforme os ditames da justiça social, observados os seguintes princípios:
>
> [...]
>
> VIII — busca do pleno emprego.

Quanto ao quinto aspecto, Delgado (2014) assegura que o Texto Magno de 1988 constitucionalizou vários princípios próprios do Direito Individual do Trabalho, tais como: o da proteção; o da norma mais favorável; o da imperatividade das normas trabalhistas; o da indisponibilidade dos direitos trabalhistas; o da intangibilidade e da irredutibilidade salariais; o da primazia da realidade sobre a forma; o da continuidade da relação de emprego; o da irretroação das nulidades.

O sexto aspecto se refere aos diversos princípios inerentes ao Direito Coletivo do Trabalho (alguns de maneira inovadora), quais sejam:

> O da liberdade associativa e sindical; o da autonomia sindical; o da intervenção sindical na negociação coletiva; o da lealdade e da transparência na negociação coletiva; o da equivalência entre os contratantes coletivos; o da criatividade jurídica da negociação coletiva trabalhista; o da adequação setorial negociada. (DELGADO, 2014, p. 64).

O sétimo aspecto, atinente ao processo de constitucionalização do Direito do Trabalho pelo Texto Magno de 1988, diz respeito à incorporação pela Constituição da República de mais de três dezenas de direitos individuais e sociais trabalhistas, além da importância dada aos direitos coletivos da área trabalhista. (DELGADO, 2014).

O oitavo aspecto se refere ao novo *status* conferido pela Constituição Federal no que tange às regras internacionais ratificadas sobre direitos humanos, inclusive no concernente aos direitos trabalhistas, além de haver incorporado importantes princípios e regras internacionais de várias Convenções da Organização Internacional do Trabalho — OIT. (DELGADO, 2014).

Relativo ao nono aspecto, a Constituição de 1988 instituiu inovadora especificidade em relação aos vínculos de trabalho com entidades estatais ao sistematizar princípios e regras especiais concernentes à regência normativa entre servidores públicos, sejam estatutários ou celetistas, e as respectivas entidades estatais de Direito Público. (DELGADO, 2014).

Quanto ao décimo aspecto, a Carta Magna de 1988 organizou importantes princípios e regras quanto à estruturação e ao funcionamento da Justiça do Trabalho, inclusive no tocante ao processo judicial trabalhista. (DELGADO, 2014).

Então, pode-se constatar, à luz da brilhante, contumaz e precisa visão de Delgado (2014, p. 78), que "o reporte permanente à Constituição e aos princípios basilares do Direito Constitucional, ao lado das diretrizes do ramo justrabalhista, é veio condutor fundamental para o estudioso e operador do Direito do Trabalho".

Portanto, a Constituição Federal de 1988 é a matriz do Direito Constitucional do Trabalho, não só por conferir proteção aos direitos sociais dos trabalhadores, mas por ter inaugurado, no Brasil, uma fase de maturação para o Direito do Trabalho, cuja análise só pode ser apreendida, desde que conjugada com os direitos fundamentais trabalhistas cujo fundamento é *a dignidade da pessoa humana*.

Para Cármen Lúcia Antunes Rocha (2004, p. 32), eis, pois, o "coração do patrimônio jurídico-moral da pessoa humana, estampado nos direitos fundamentais acolhidos e assegurados na forma posta no sistema constitucional".

Haja vista que, conforme André Araújo Molina (2013, p. 72), "cada direito fundamental enunciado representa uma parcela da dignidade humana [...]".

O art. 193 da Constituição de 1988 também estabelece que *"a ordem econômica tem como base o primado do trabalho e como objetivos o bem-estar e a justiça sociais"*. Logo, cumpre não olvidar que "num país marcado por profundas diferenças culturais, econômicas e sociais, a constitucionalização dos direitos trabalhistas representa inequívoco avanço institucional, ao erigir o trabalho como valor estruturante da república brasileira". (GEMIGNANI, 2014, p. 45).

Diante de tais considerações, afirma-se, aqui, que somente após a Constituição Federal de 1988 se pode falar, efetivamente, na existência de um Direito Constitucional do Trabalho no Brasil.

3. OS DIREITOS SOCIAIS DOS TRABALHADORES COMO CLÁUSULAS PÉTREAS

A Constituição Federal de 1988 prevê um núcleo imutável de direitos humanos fundamentais, chamado de **cláusulas pétreas**, cujo conteúdo não pode sequer ser alvo de discussão que verse sobre sua extinção ou sobre sua hierarquização, dado o seu caráter de inerência, universalidade, indivisibilidade e interdependência, inalienabilidade e intransmissibilidade, indisponibilidade ou irrenunciabilidade, imprescritibilidade e historicidade.

Em razão disso, Airton Pereira Pinto (2006) enfoca os textos esculpidos pelos legisladores no art. 1º, incisos II, III e IV da Constituição Federal de 1988, como verdadeiros princípios a serem seguidos e observados pelos legisladores ordinários, intérpretes e estudiosos do direito, por representarem luminares a espargir luzes com efeitos sociais e jurídicos para a ordem política, social, econômica, cultural e moral, agasalhados na própria Carta Magna e presentes nas demais ordenações menores. O autor em tela ressalta que a cidadania e a dignidade da pessoa humana, bem como os valores sociais do trabalho — enquanto princípios fundamentais do Estado democrático de direito brasileiro — imbricam-se para formar um espaço privilegiado de exercício e de reconhecimento de direitos outros — como os direitos humanos sociais.

É possível afirmar, então, que os direitos fundamentais dos trabalhadores apresentam-se como princípios fundamentais do Direito Constitucional do Trabalho em face de a sua proteção ter sido conferida pela Constituição Federal de 1988. Logo, os direitos fundamentais dos trabalhadores — como princípios fundamentais do Direito Constitucional do Trabalho — destacam-se como normas peculiares do Direito Constitucional do Trabalho.

Diante de tão bem esclarecidas os princípios basilares do Texto Constitucional vigente em sua materialidade e concretude logo no art. 1º, isto é, desde sua fonte origem, evidenciam-se as **cláusulas pétreas** em sua natureza, essencialmente, como disposições materiais que proíbem a alteração, por meio de Emenda Constitucional (EC), das normas constitucionais relativas aos pilares básicos da organização do Estado Democrático de Direito.

Segundo Beltramelli Neto (2014), as **cláusulas pétreas** são a manifestação da rigidez constitucional, apresentando-se como mecanismo essencial para a preservação do perfil adotado pela Constituição Federal, por impedirem que determinadas normas do texto constitucional possam ser suprimidas, mesmo que sob o patrocínio do Poder Legislativo.

Como nas palavras de Beltramelli Neto (2014, p. 153), pode-se dizer que "as cláusulas pétreas são o escudo do Poder Constituinte Originário contra o Poder Constituinte Derivado".

Além dos pilares já reconhecidos, bem como de diversos artigos da Carta Magna de 1988 suprarrelacionados, enumerados, destacados, comentados e analisados no Capítulo precedente, o art. 60 da Constituição Federal de 1988, ao tratar de Emendas Constitucionais (EC), define, em seu § 4º, que as matérias que tratem de abolir seus incisos não poderão ser objeto de deliberação, *in verbis*:

> Art. 60. A Constituição poderá ser emendada mediante proposta:
> [...]
> § 4º — Não será objeto de deliberação a proposta de emenda tendente a abolir:
> I — a forma federativa de Estado;
> II — o voto direto, secreto, universal e periódico;
> III — a separação dos Poderes;
> IV — os direitos e garantias individuais.

De tal sorte, não pode haver a supressão de direitos fundamentais já reconhecidos pelo texto constitucional, porquanto implicaria seu retrocesso em detrimento das conquistas já alcançadas pelas Constituições anteriores.

E mais: o reconhecimento pela Carta Magna de 1988 dos direitos fundamentais deve ocorrer no sentido de se expandir a proteção constitucional à dignidade da pessoa humana.

No viés desta temática, Beltramelli Neto aduz:

> A história mostra que a Constituição Federal de 1988 alçou os direitos fundamentais a patamar nunca antes ostentado no constitucionalismo brasileiro, de modo que o ordenamento jurídico pátrio revela, na enunciação desses direitos, os valores mais caros à sociedade, e, por isso, mesmo intangíveis. (BELTRAMELLI NETO, 2014, p. 152).

Em igual sentido, à luz de Walter Claudius Rothenburg (2014), a Constituição Federal de 1988, ao mencionar, em seu inciso *IV — Os Direitos e Garantias Individuais*, o faz de forma ampliativa, tendo em vista que o Capítulo I, do Título II, trata dos direitos e deveres individuais e coletivos.

Faz-se necessária, portanto, uma interpretação ampliativa do Capítulo I, Título II, da CF/88, de modo a abarcar os direitos sociais, visto que...

A interpretação dos direitos fundamentais deve ser ampliativa, buscando a leitura mais favorável que deles se possa fazer, com vistas a que possuam uma eficácia irradiante. (ROTHENBURG, 2014, p. 19).

Razão pela qual:

Considerar direitos fundamentais apenas aqueles expressamente arrolados num catálogo formal ("cláusula fechada") significa, a um tempo, uma perspectiva muito tacanha (pois não percebe a presença de outros direitos fundamentais) e uma pretensão (tanto de exclusividade, como se somente essa perspectiva fosse capaz de identificar direitos fundamentais, quanto de completude, como se tal perspectiva fosse capaz de abranger todos os direitos fundamentais). (ROTHENBURG, 2014, p. 19).

Tal e qual é o pensamento de Paulo Bonavides (2003). Para este, só uma hermenêutica constitucional dos direitos fundamentais em harmonia com os postulados do Estado Social e Democrático de Direito pode iluminar e guiar a reflexão do jurista quanto à base de legitimidade haurida na tábua dos princípios gravados na própria Constituição (arts. 1º, 3º e 170).

Considera-se inconstitucional toda inteligência restritiva da locução jurídica "direitos e garantias individuais" (art. 60, § 4º, IV), que não pode servir de argumento nem de esteio à exclusão dos direitos sociais.

Os direitos e garantias fundamentais protegidos pela iniciativa do poder constituinte reformador derivado não correspondem, pois, somente àqueles de natureza meramente individual, previstos no rol do art. 5º da Constituição Federal de 1988.

Tal exegese se faz consonante com a dicção preceituada do mencionado § 2º do art. 5º, ao estabelecer que os direitos e as garantias nela expressos não excluem outros decorrentes do regime e dos princípios por ela adotados, ou dos tratados internacionais em que a República Federativa do Brasil seja parte.

A norma em questão permite que outros direitos sejam considerados como fundamentais, embora não expressamente previstos na Constituição e, por maior razão, não enumerados no Título II da CF/88.

Conforme Soares (2010), outros direitos propagados pela Constituição, a exemplo do § 2º do art. 5º, bem como os advindos de tratados internacionais pelo art. 5º, § 3º, são reconhecidos como fundamentais e também estão acobertados pela cláusula pétrea, prevista no art. 60, § 4º, IV, da Constituição Federal de 1988.

Assim sendo:

A partir da leitura principiológica da dignidade da pessoa humana, pode-se asseverar que o sistema constitucional brasileiro não previu nenhum regime jurídico diferenciado para os direitos fundamentais, seja para os direitos individuais, seja para os direitos sociais. (SOARES, 2010, p. 154).

Como argumenta Bonavides:

> A observância, a prática e a defesa dos direitos sociais, a sua inviolável contextura formal, premissa indeclinável de uma construção material sólida desses direitos, formam hoje o pressuposto mais importante com que fazer eficaz a dignidade da pessoa humana nos quadros de uma organização democrática da sociedade e do poder. (BONAVIDES, 2003, p. 62).

Azado ressaltar, em consonância com o autor em tela, que, sem a concretização dos direitos sociais, não se poderá alcançar jamais a sociedade livre, justa e solidária, contemplada constitucionalmente como um dos objetivos fundamentais da República Federativa do Brasil (art. 3º).

O que também se afirma em relação à redução das desigualdades sociais, que é, ao mesmo tempo, um princípio da ordem econômica e um dos objetivos fundamentais do ordenamento republicano, como consta *ipsis litteris*, respectivamente, do art. 170, VII, e do sobredito art. 3º.

Ainda concorde Bonavides (2003), mais uma vez, faz-se importante destacar o art. 60, § 4º, IV, da Constituição Federal de 1988, haja vista se revelar estarem encartados, nele, todos os princípios e todas as normas referentes aos direitos fundamentais trabalhistas.

Direitos contemplados como garantias pétreas que integram o rol meramente exemplificativo disposto no Título II da Constituição Federal de 1988 e que exsurgem como verdadeiras garantias constitucionais do cidadão, impossíveis de serem suprimidas ou reformadas pelo legislador pátrio brasileiro, compondo, desse modo, o núcleo imodificável da Constituição Federal de 1988.

Motivo pelo qual aduz o constitucionalista:

> Os direitos sociais recebem, em nosso direito constitucional positivo, uma garantia tão elevada e reforçada, que lhes faz legítima a inserção no mesmo âmbito conceitual da expressão direitos e garantias individuais do art. 60. Fruem, por conseguinte, uma intangibilidade que os coloca inteiramente além do alcance do poder constituinte originário, ou seja, aquele poder constituinte derivado, limitado e de segundo grau, contido no interior do próprio ordenamento jurídico. (BONAVIDES, 2003, p. 642).

Logo, os direitos fundamentais dos trabalhadores integram o rol dos direitos e garantias individuais inscritos no Título II da Constituição da República e expressam a opção do legislador constituinte por instituir um Estado Democrático de Direito baseado no princípio constitucional da dignidade da pessoa humana (art. 1º, III).

Conforme José Joaquim Gomes Canotilho:

> O número essencial dos direitos sociais já realizado e efetivado através de medidas legislativas deve considerar-se constitucionalmente garantido,

sendo inconstitucionais quaisquer medidas que, sem a criação de esquemas alternativos ou compensatórios, se traduzam, na prática, numa anulação, revogação ou aniquilação pura e simples desse núcleo essencial. A liberdade do legislador tem como limite o núcleo essencial já realizado. (CANOTILHO, 1997, p. 450).

Neste enleio, a cláusula de previsão dos direitos e garantias individuais é aberta e demonstra que a interpretação ampliativa fará com que a expressão contida no art. 60, § 4º, IV, da CF/88 não abranja apenas os direitos e garantias inscritos no art. 5º da Constituição Federal de 1988.

Resta evidente que os direitos fundamentais dos trabalhadores estão amparados pela intangibilidade do art. 60, § 4º, IV, da Carta Magna de 1988, constituindo verdadeiras garantias constitucionais irreformáveis, por preservarem as conquistas históricas dos trabalhadores relativamente aos direitos sociais, já sedimentados, em definitivo, no ordenamento-jurídico trabalhista brasileiro.

Em tal contexto, os direitos fundamentais dos trabalhadores estão resguardados com cláusulas de imutabilidade e estão absolutamente inaptos a qualquer reforma.

A Constituição Federal de 1988 traz, em sua redação, pressupostos hermenêutico-constitucionais que orientam a interpretação ampliativa do mencionado preceptivo constitucional e, por conseguinte, a máxima efetividade das normas fundamentais trabalhistas, a saber: o preâmbulo da CF/88 estabelece que é dever do Estado Democrático de Direito assegurar o exercício dos direitos sociais, a liberdade, a segurança, o bem-estar, o desenvolvimento, a igualdade e a justiça — como valores supremos de uma sociedade fraterna, pluralista e sem preconceitos, fundada na harmonia social e comprometida, na ordem interna e internacional, com a solução pacífica das controvérsias.

Portanto, qualquer alteração prejudicial aos direitos fundamentais dos trabalhadores representará direta violação ao *princípio constitucional da dignidade da pessoa humana* e aos valores sociais, econômicos, políticos e culturais previstos no preâmbulo do Texto Constitucional de 1988.

Uma linha de eticidade vincula os direitos sociais ao princípio constitucional da dignidade da pessoa humana, o qual lhes serve de regra hermenêutica.

Por isso, concorde Bonavides (2003), urge interpretar tais direitos de modo que se lhes reconheça o mesmo quadro de proteção e garantia aberto pelo constituinte em favor do conteúdo material do § 4º do art. 60, a que eles pertencem pela universalidade mesma da expressão: *"direitos e garantias individuais"*.

Na assaz e mui apropriada visão de Sarlet (2009), a Constituição Federal de 1988, além de inserir, expressa e implicitamente, "os direitos fundamentais" no seleto rol das assim designadas "cláusulas pétreas", tornando-os como limites materiais ao poder de reforma constitucional (art. 60, § 4º, inciso IV, CF/88), também afirmou que as normas definidoras de direitos e garantias fundamentais são diretamente aplicáveis (art. 5º, § 1º, CF/88).

Reitere-se, pois, que as normas de direitos sociais abrangidas pelo disposto no art. 5º, § 1º, da CF/88, atuam como limites materiais ao poder de reforma constitucional, como dispõe também o art. 60, § 4º, inciso IV, da Constituição Federal de 1988.

Em conformidade com os ensinamentos de Sarlet:

> O Constituinte não pretendeu (nem é legítimo presumir isto!) excluir os direitos políticos de nacionalidade do âmbito do art. 5º, § 1º, de nossa Carta, que, assim como os direitos sociais, integram o conjunto dos direitos cuja fundamentalidade foi expressamente afirmada na Constituição. Também não há como sustentar, no direito pátrio, a concepção lusitana (lá expressamente prevista na Constituição) de acordo com a qual a norma que consagra a aplicabilidade imediata dos direitos fundamentais abrange apenas os direitos, liberdades e garantias (Título II) que, em princípio, correspondem aos direitos de defesa, excluindo deste regime reforçado (e não apenas quanto a este aspecto) os direitos econômicos, sociais e culturais do Título III da Constituição da República Portuguesa. Parece evidente que a ausência de uma distinção expressa entre o regime dos direitos sociais e os demais direitos fundamentais, somada ao texto do § 1º do art. 5º da CF, ainda mais em face da circunstância de que os direitos sociais (mas pelo menos os elencados no Título II da CF) são direitos fundamentais, deve prevalecer sobre uma interpretação notadamente amparada em critério meramente topográfico. (SARLET, 2009, p. 195).

Sarlet (2009) defende que, em decorrência da disposição constitucional prevista no art. 5º, § 2º, da Constituição Federal de 1988, há como sustentar a aplicabilidade imediata de todas as normas de direitos fundamentais constantes do Título II da Constituição (arts. 5º a 17), bem como dos localizados em outras partes do texto constitucional e em tratados internacionais.

Assegura o autor que a extensão do regime material da aplicabilidade imediata aos direitos fora do catálogo não encontra qualquer óbice no texto constitucional, harmonizando-se, além disso, com a concepção materialmente aberta dos direitos fundamentais consagrada no art. 5º, § 2º, da Constituição de 1988.

Então, "apenas por meio de uma interpretação sistemática se poderá encontrar uma resposta satisfatória no que concerne ao problema da abrangência do art. 60, § 4º, inciso IV, da CF". (SARLET, 2009, p. 197).

E, ademais, assevera com exatidão Sarlet:

> Cumpre relembrar que a função precípua das assim denominadas "cláusulas pétreas" é a de impedir a destruição dos elementos essenciais da Constituição, encontrando-se, neste sentido, a serviço da preservação da identidade constitucional, formada justamente pelas decisões fundamentais tomadas pelo Constituinte. Isto se manifesta com particular agudeza no caso dos direitos fundamentais, já que sua supressão, ainda que tendencial, implicaria, em boa parte dos casos, simultaneamente uma agressão (em maior ou

menor grau) ao princípio da dignidade da pessoa humana (art. 1º, inciso III, da CF). Assim, uma interpretação restritiva da abrangência do art. 60, § 4º, inciso IV, da CF não nos parece ser a melhor solução, ainda mais quando os direitos fundamentais inequivocamente integram o cerne da nossa ordem constitucional. (SARLET, 2009, p. 197).

Diante do que ora até este ponto foi exposto, as **cláusulas pétreas** — expressas no art. 60, § 4º, IV, da Constituição Federal de 1988 — também abrangem os direitos fundamentais dos trabalhadores que estão tacitamente englobados no seu Título II.

Por derradeiro, com extrema exatidão e suprema convicção, cabe enfatizar — em alerta — que tanto a Lei Ordinária quanto a Emenda Constitucional que, de algum ou de qualquer modo, por menor que seja, vierem a afetar, a abolir ou a suprimir a essência protetora dos direitos sociais e, consequentemente, dos direitos fundamentais dos trabalhadores serão consideradas inconstitucionais — ou, ainda mais grave, constituirá um inadmissível afronto ao Direito Constitucional do Trabalho.

CONCLUSÃO

A colimada efetivação dos direitos sociais dos trabalhadores representa importante instrumento de realização dos direitos humanos fundamentais no âmbito das relações de trabalho, sejam eles oriundos da seara internacional, sejam os de natureza constitucional nacional, visto que os mesmos constituem um importante mecanismo para a valorização da cidadania, para a erradicação da pobreza e da marginalização, para a redução das desigualdades sociais e regionais, e para o reconhecimento do valor social do trabalho.

Então, é imprescindível perceber — cada vez mais — a urgência da adoção, no contexto internacional e no nacional, de um novo paradigma para as relações de trabalho: servir como meio que garanta ao trabalhador uma existência digna.

Por isso, viram-se, nesta empreitada, os principais momentos e os mais relevantes registros históricos e legislativos que iluminaram o caminho percorrido na direção de ser sólido o processo de reconhecimento e efetiva a trajetória de evolução dos direitos sociais dos trabalhadores ao longo dos tempos.

A presente obra jurídica tem o intento e — ainda mais — a preocupação de registrar os diferentes estágios históricos que, de alguma forma, contribuíram para o processo de solidificação e de aperfeiçoamento ou de aprimoramento dos direitos humanos dos trabalhadores — tidos como direitos sociais de natureza trabalhista.

Assim, para a efetivação dos direitos sociais dos trabalhadores, a dignidade da pessoa humana tem de ser o fim primeiro do Direito do Trabalho, e a justiça social tem de ser concretizada nas relações sociais em um espaço democrático no qual o bem-estar da pessoa humana é o objetivo maior a ser alcançado pelo Direito.

Para tanto, faz-se imperioso que o Direito Internacional e Constitucional do Trabalho — sempre e quanto mais — esteja comprometido em garantir a promoção e a ampliação das conquistas sociais já alcançadas pelos trabalhadores brasileiros. Isso ocorrerá por meio dos instrumentos legais legitimadores dos direitos sociais dos trabalhadores previstos nas fontes do Direito Internacional e Constitucional do Trabalho.

Não há direitos humanos sem que — de fato — as normas internacionais e nacionais protetivas dos trabalhadores sejam respeitadas e aplicadas.

Cumpre ressaltar, para além, que os direitos sociais dos trabalhadores são cláusulas pétreas, cujo conteúdo não pode, sequer, ser alvo de discussão que avente ou que cogite a sua extinção ou a sua hierarquização. De tal modo, não pode haver a supressão de direitos fundamentais — já reconhecidos e regulamentados pelo Texto Máximo — porquanto manobra "espúria dessa espécie" implicaria inadmissível retrocesso em detrimento das conquistas alcançadas arduamente pelas Constituições Brasileiras anteriores. E mais: o reconhecimento pela Carta Magna de 1988 dos direitos fundamentais deve ocorrer no sentido de se expandir a proteção constitucional à dignidade da pessoa humana.

Logo, o objetivo do Direito Internacional e Constitucional do Trabalho é estabelecer — pelo princípio da vedação do retrocesso social — a progressividade dos direitos sociais dos trabalhadores por meio da sua ampliação, sempre voltado, portanto, para a proteção da dignidade da pessoa humana do trabalhador, tendo em vista que, enquanto direito humano social, ele se justifica, por si só, pois visa garantir a proteção dos Direitos Humanos dos trabalhadores.

Desde o nascimento do ramo jurídico laboral, trava-se uma luta pela realização dos direitos sociais dos trabalhadores. Luta esta que tem de continuar incessante e vigilante na medida necessária, de modo a garantir a efetivação dos princípios internacionais e constitucionais de justiça social nas relações de trabalho. Somente assim continuará assegurada a afirmação da relevância da pessoa humana na seara do Direito Internacional e Constitucional do Trabalho.

REFERÊNCIAS BIBLIOGRÁFICAS

ARRUDA, Kátia Magalhães. *Direito constitucional do trabalho*: sua eficácia e o impacto do modelo neoliberal. São Paulo: LTr, 1998.

BARZOTTO, Luciane Cardoso. *Direitos humanos e trabalhadores*. Porto Alegre: Livraria do Advogado, 2007.

BELTRAMELLI NETO, Sílvio. *Direitos humanos*. Salvador: Juspodivm, 2014.

BERTOLIN, Patrícia Tuma Martins; KAMADA, Fabiana Larissa. A OIT e a discriminação no trabalho. Análise dos programas desenvolvidos no Brasil com a cooperação técnica da OIT. In: GOMES, Ana Virgínia Moreira; FREITAS JÚNIOR, Antônio Rodrigues de (Org.). *A declaração de 1988 da OIT sobre princípios e direitos fundamentais no trabalho*. Análise do seu significado e efeitos. São Paulo: LTr, 2014.

BONAVIDES, Paulo. *Curso de direito constitucional*. 13. ed. São Paulo: Malheiros, 2003.

CANOTILHO, José Joaquim Gomes. *Direito constitucional e teoria da constituição*. 3. ed. Coimbra: Almedina, 1997.

CARBONELLI, Matteo. A proteção internacional dos direitos fundamentais no trabalho. In: CAVALCANTE, Jouberto de Quadros Pessoa; VILLATORE, Marco Antônio César (Coord.). WINTER, Luís Alexandre Carta; GUNTHER, Luiz Eduardo (Org.). *Direito internacional do trabalho e a organização internacional do trabalho*: um debate atual. São Paulo: Atlas, 2015.

CASSAR, Vólia Bomfim. *Direito do trabalho*. 9. ed. Rio de Janeiro: Forense, 2014.

CAVALCANTE, Lygia Maria de Godoy Batista. A dignidade da pessoa humana como norma principiológica de aplicação no direito do trabalho. In: MAIOR, Jorge Luiz et al. (Coord.). *Direitos humanos*: essência do direito do trabalho. São Paulo: LTr, 2007.

_____. *A flexibilização do direito do trabalho no Brasil*. Desregulamentação ou regulação. Anética do mercado? São Paulo: LTr, 2008.

COMPARATO, Fábio Konder. *A afirmação histórica dos direitos humanos*. São Paulo: Saraiva, 2003.

_____. *A afirmação histórica dos direitos humanos*. 10. ed. São Paulo: Saraiva, 2015.

CRIVELLI, Ericson. *Direito internacional do trabalho contemporâneo*. São Paulo: LTr, 2010.

DELGADO, Mauricio Godinho. *Curso de direito do trabalho*. 13. ed. São Paulo: LTr, 2014.

_____. *Curso de direito do trabalho*. 15. ed. São Paulo: LTr, 2016.

DONATO, Messias Pereira. *Curso de direito individual do trabalho*. 6. ed. São Paulo: LTr, 2008.

ERVOLINO, Ivan; ZAPATA, Sandor Ramiro Darn. A declaração da OIT sobre princípios e direitos fundamentais e as políticas públicas de erradicação do trabalho infantil no Brasil. In: GOMES, Ana Virgínia Moreira; FREITAS JÚNIOR, Antônio Rodrigues de (Org.). *A declaração de 1988 da OIT sobre princípios e direitos fundamentais no trabalho:* análise do seu significado e efeitos. São Paulo: LTr, 2014.

FERREIRA, Lauro César Mazetto. *Seguridade social e direitos humanos*. São Paulo: LTr, 2007.

FRANCO FILHO, Georgenor de Sousa. *Curso de direito do trabalho*. São Paulo: LTr, 2015.

_____; MAZZUOLI, Valério de Oliveira. Incorporação e aplicação das Convenções Internacionais da OIT no Brasil. In: FRANCO FILHO, Georgenor de Sousa; MAZZUOLI, Valério de Oliveira (Org.). *Direito internacional do trabalho*. São Paulo: LTr, 2016.

FREITAS JÚNIOR, Antônio Rodrigues de. Direitos sociais e direitos fundamentais na perspectiva da declaração da OIT de 1998: um caso de *soft law* no rumo de sua efetividade. In: GOMES, Ana Virgínia Moreira; FREITAS JÚNIOR, Antônio Rodrigues (Org.). *A declaração de 1998 da OIT sobre princípios e direitos fundamentais no trabalho*. São Paulo: LTr, 2014.

GARCIA, Gustavo Filipe Barbosa. *Curso de direito do trabalho*. 8. ed. Rio de Janeiro: Forense, 2014.

GEMIGNANI, Tereza Aparecida Asta. *A constitucionalização dos direitos trabalhistas:* novo modelo de normatividade. São Paulo: LTr, 2014.

_____. A constituição federal e o direito do trabalho 25 anos depois: da estrutura à função. In: GEMIGNANI, Tereza Aparecida Asta; GEMIGNANI, Daniel (Coord.). *Direito constitucional do trabalho*. São Paulo: LTr, 2014.

_____. De algodão entre os cristais: a protagonista na formação da nacionalidade brasileira. In: GEMIGNANI, Tereza Aparecida Asta; GEMIGNANI, Daniel (Coord.). *Direito constitucional do trabalho*. São Paulo: LTr, 2014.

GOLDSCHMIDT, Rodrigo. Teoria da abertura material do catálogo de direitos fundamentais e a aplicação das Convenções Internacionais da OIT nas relações de trabalho no Brasil. In: FRANCO FILHO, Georgenor de Sousa; MAZZUOLI, Valério de Oliveira (Org.). *Direito internacional do trabalho*. São Paulo: LTr, 2016.

GOMES, Ana Virgínia Moreira. A declaração da OIT de 1998: história, mudanças e desafios. In: GOMES, Ana Virgínia Moreira; FREITAS JÚNIOR, Antônio Rodrigues (Org.). *A declaração de 1998 da OIT sobre princípios e direitos fundamentais no trabalho*. São Paulo: LTr, 2014.

GOMES, Eduardo Biacchi; VAZ, Andréa Arruda. A aplicabilidade das Convenções da Organização Internacional do Trabalho pelos tribunais brasileiros: observância dos direitos fundamentais. In: CAVALCANTE, Jouberto de Quadros Pessoa; VILLATORE, Marco Antônio César. (Coord.). *Direito internacional do trabalho e a Organização Internacional do Trabalho:* um debate atual. São Paulo: Atlas, 2015.

GUEDES, Marco Aurélio Peri. *Estado e ordem econômica e social:* a experiência constitucional da república de Weimar e a Constituição Brasileira de 1934. Rio de Janeiro: Renovar, 1998.

GUERRA, Sidney. *Direitos humanos.* 2. ed. São Paulo: Atlas, 2014.

GUNTHER, Luiz Eduardo. *A OIT e o direito do trabalho no Brasil.* Curitiba: Juruá, 2012.

_____. O trabalho decente como paradigma da humanidade no século XXI. In: GARCIA, Gustavo Filipe Barbosa; ALVARENGA, Rúbia Zanotelli. *Direito do trabalho e direitos fundamentais sob o enfoque dos direitos fundamentais.* São Paulo: LTr, 2015.

GURGEL, Yara Maria Pereira. *Direitos humanos, princípio da igualdade e não discriminação:* sua aplicação às relações de trabalho. São Paulo: LTr, 2010.

HUSEK, Carlos Roberto. *Curso básico de direito internacional público e privado do trabalho.* 2. ed. São Paulo: LTr, 2011.

_____. *Curso básico de direito internacional público e privado do trabalho.* 3. ed. São Paulo: LTr, 2015.

JORGE NETO, Francisco Ferreira; CAVALCANTE, Jouberto de Quadros Pessoa. A organização internacional do trabalho, seus diplomas normativos e uma reflexão sobre sua inserção na ordem jurídica brasileira. In: CAVALCANTE, Jouberto de Quadros Pessoa; VILLATORE, Marco Antônio César (Coord.). WINTER, Marco Alexandre Carta; GUNTHER, Luiz Eduardo (Org.). *Direito internacional do trabalho e a Organização Internacional do Trabalho:* um debate atual. São Paulo: Atlas, 2015.

_____; _____. *Direito do trabalho.* 3. ed. São Paulo: Atlas, 2012.

LEDUR, José Felipe. *Direitos fundamentais sociais.* Efetivação no âmbito da democracia participativa. Porto Alegre: Livraria do Advogado, 2009.

LEITE, Carlos Henrique Bezerra. *Constituição e direitos sociais trabalhistas.* São Paulo: LTr, 1997.

_____. *Ação civil pública.* 7. ed. São Paulo: LTr, 2011.

LENZA, Pedro. *Direito constitucional esquematizado.* 20. ed. São Paulo: Saraiva, 2016.

LIMA, Francisco Meton Marques de. *Os princípios de direito do trabalho na lei e na jurisprudência.* 5. ed. São Paulo: LTr, 2015.

MAGALHÃES, José Luiz Quadros de. *Direitos humanos:* sua história, sua garantia e a questão da indivisibilidade. São Paulo: Juarez de Oliveira, 2000.

MALHEIRO, Emerson. *Curso de direitos humanos.* 2. ed. São Paulo: Atlas, 2015.

MARTINS, Sérgio Pinto. *Direito do trabalho.* 29. ed. São Paulo: Atlas, 2012.

MOLINA, André Araújo. *Teoria dos princípios trabalhistas.* São Paulo: Atlas, 2013.

OLIVEIRA, Paulo Eduardo V. *O dano pessoal no direito do trabalho.* 2. ed. São Paulo: LTr, 2010.

PINTO, Airton Pereira. *Direito do trabalho, direitos humanos sociais e a Constituição Federal.* São Paulo: LTr, 2006.

PINTO, Márcio Morena. *Introdução ao direito internacional do trabalho.* São Paulo: LTr, 2014.

PIOVESAN, Flávia. Direitos humanos e o princípio da dignidade humana. *Revista do Advogado,* São Paulo, AASP, Ano 23, n. 73, nov. 2003.

_____ ; GOTTI, Alessandra Passos; MARTINS, Janaína Senne. A proteção internacional dos direitos econômicos, sociais e culturais. In: PIOVESAN, Flávia (Coord.). *Temas de direitos humanos.* São Paulo: Max Limonad, 2003.

_____. *Os direitos humanos e o direito constitucional internacional.* São Paulo: Saraiva, 2006.

_____. *Os direitos humanos e o direito constitucional internacional.* 14. ed. São Paulo: Saraiva, 2013.

ROCHA, Cármen Lúcia Antunes. Vida digna: direito, ética e ciência. *O direito à vida digna.* Belo Horizonte: Fórum, 2004.

ROTHENBURG, Walter Claudius. *Direitos fundamentais.* São Paulo: Método, 2014.

SARLET, Ingo Wolgang. *A eficácia dos direitos fundamentais.* 12. ed. Porto Alegre: Livraria do Advogado, 2015.

_____. Os direitos sociais como direitos fundamentais: contributo para um balanço aos vinte anos da Constituição Federal de 1988. In: SOUZA NETO, Cláudio Pereira de; SARMENTO, Daniel; BINENBOJM, Gustavo (Org.). *Vinte anos da Constituição Federal de 1988.* Rio de Janeiro: Lumen Juris, 2009.

SCABIN, Roseli Fernandes. A importância dos organismos internacionais para a internacionalização e evolução do direito do trabalho e dos direitos sociais. In: CAVALCANTE, Jouberto de Quadros Pessoa; VILLATORE, Marco Antônio César (Coord.). WINTER, Luís Alexandre Carta; GUNTHER, Luiz Eduardo (Org.). *Direito internacional do trabalho e a Organização Internacional do Trabalho:* um debate atual. São Paulo: LTr, 2015.

SILVA, José Afonso. *Curso de direito constitucional positivo.* 16. ed. São Paulo: Malheiros, 1999.

SILVA, Paulo Thadeu Gomes da. *Direitos fundamentais:* contribuição para uma teoria geral. São Paulo: Atlas, 2010.

SOARES, Ricardo Maurício Freire. *O princípio constitucional da dignidade da pessoa humana.* São Paulo: Saraiva, 2010.

SÜSSEKIND, Arnaldo. *Direito internacional do trabalho.* 3. ed. São Paulo: LTr, 2000.

THOME, Candy. A questão de gênero no centro do trabalho decente: a Declaração de 1988 sobre Princípios e Direitos Fundamentais do Trabalho da OIT e a igualdade de gênero no âmbito do trabalho. In: GOMES, Ana Virgínia Moreira; FREITAS JÚNIOR, Antônio Rodrigues de. *A Declaração de 1998 da OIT sobre Princípios e Direitos Fundamentais no Trabalho:* análise do seu significado e efeitos. São Paulo: LTr, 2014.

VIANNA, Segadas. Evolução do direito do trabalho no Brasil. In: SÜSSEKIND, Arnaldo; MARANHÃO, Délio; VIANNA, Segadas; TEIXEIRA, Lima (Org.). *Instituições de direito do trabalho.* 22. ed. São Paulo: LTr, 2000. v. 1.